HEYNE KOCHBÜCHER

Ursula Paschen

VEGETARISCHE
TRENNKOST

Vollwertige Trennkost-Rezepte
für alle, die lieber fleischlos essen

Originalausgabe

WILHELM HEYNE VERLAG

MÜNCHEN

HEYNE KOCHBUCH
07/4679

2. Auflage

Copyright © 1995
by Autorin und AVA – Autoren- und
Verlagsagentur GmbH, München-Breitbrunn
Printed in Germany 1996
Umschlaggestaltung: Atelier Ingrid Schütz, München
Umschlagfoto: Studio Teubner, Füssen
Illustrationen: Designstudio Fleischer, München
Satz: Schaber Satz- und Datentechnik, Wels
Druck und Bindung: RMO-Druck, München

ISBN 3-453-08718-6

INHALT

Vorwort 9

Einführungsteil
Die Haysche Trennkost 11
Warum Trennkost und dann auch noch vegetarisch? 17
Der Säure-Basen-Haushalt 21
Wozu ballaststoffreiche Ernährung? 25
Die wichtigsten Nahrungsmittel und ihre Bedeutung 29
   Getreide 29
   Gemüse, Salat, Kräuter und Obst 33
   Zucker, Süßstoff, Honig 38
   Getränke 42
   Milch und Milchprodukte 44
   Fette 45
Nahrungsmittelqualität 49
Sprossen und Keime 53
Gedanken zur Ernährungsumstellung 57
Tips zur Ernährungsumstellung 59
Empfehlungen zur Trennkost 61
Trennkost-Nahrungsmittelliste 66
Erklärungen zur Nahrungsmittelaufteilung 69

Rezeptteil
14tägiger Ernährungsplan zum Einstieg in die Trennkost ... 70
   Einkaufsliste 111
   Vorratsliste 114
Frühstücksideen 115
   Müsli 115
   Frischkornmüsli 121
   Pikante Müsli 127

Kohlenhydratmahlzeiten, kalt 129
Frischkost zur Kohlenhydratmahlzeit 143
Kohlenhydratmahlzeiten, warm 155
  Kartoffel- und Gemüsegerichte 155
  Getreide 162
  Getreidegerichte 164
  Nudelgerichte 176
Nachspeisen zur Kohlenhydratmahlzeit 184

Frischkost zur Eiweißmahlzeit 193
Eiweißmahlzeiten, warm 199
  Gemüsegerichte 199
  Tofugerichte 209
Nachspeisen zur Eiweißmahlzeit 214

Praktische Helfer in der Küche 221
Trennkost als Diät? 222
Erläuterungen 224
Literaturhinweis 229

Register nach Sachgruppen 230
Alphabetisches Register 234

Abkürzungen und Erklärungen:

EL = Eßlöffel
KL = Kaffeelöffel
TL = Teelöffel (= ½ KL)
ML = Meßlöffel (liegt der Biobin-Dose bei)
Msp = Messerspitze
g = Gramm
l = Liter
ml = Milliliter ($^1/_{1000}$ l, 1 g)

Die Rezepte zum Einstieg und die Müsli-Ideen sind für 1 Person, die später nachfolgenden Rezepte für 4 Personen berechnet.

Vorwort

Gelehrt sind wir genug.
Was uns fehlt, ist Freude,
was wir brauchen, ist Hoffnung,
was uns not tut, ist Zuversicht,
wonach wir schmachten, ist Frohsinn!

Mit diesen Worten von Curt Goetz möchte ich dieses Buch beginnen. Denn nichts erscheint mir dringender, als Ihnen Mut zu machen.

Die Meldung, daß in Deutschland jährlich 80 Milliarden DM für ernährungsbedingte Erkrankungen aufgewendet werden müssen, erschreckt einen. Diese Zahl erscheint derart unrealistisch, daß die Wahrheit, welche Einzelschicksale sich dahinter verbergen, verdrängt wird. Anders hingegen bei direkt oder indirekt Betroffenen. Berichte, wie z.B. über Schweinepest, Rinderwahnsinn, genmanipulierte und bestrahlte Nahrungsmittel, verunsichern und ängstigen uns alle.

Angesichts dieser Schreckensmeldungen höre ich immer wieder von Mitmenschen, daß sie sich ausgeliefert und damit ohnmächtig fühlen.

Auf meine Aufforderung »Helfen Sie mit, Veränderungen herbeizuführen«, schaue ich meist in ratlose Gesichter und erhalte folgende Antwort: »Ich, was kann ich schon verändern«? Sehr viel!

Leben Sie nicht länger als Opfer — werden Sie zum »Täter« im positiven Sinne. Werden Sie tätig und

übernehmen Sie die Eigenverantwortung

für Ihre seelische, geistige und körperliche Gesundheit! Beginnen Sie, Ihre Ernährung auf eine überwiegend pflanzliche Trennkost umzustellen, damit Ihr Körper, Ihr Geist und Ihre Seele entsäuert werden. Dann haben Sie allen Grund, zuversichtlich und hoffnungsfroh Ihr Leben mit Freude zu genießen.

Auf diesem Weg möchte ich Sie mit meinem Buch begleiten.

Die Haysche Trennkost

ist eine jener »Erfindungen«, die vor allem dann gemacht werden, wenn eine Situation ausweglos erscheint. So erging es dem amerikanischen Arzt Dr. Howard Hay, als er in den dreißiger Jahren dieses Jahrhunderts an einem für damalige Zeiten als unheilbar geltenden Nierenleiden erkrankte. Das war auch der Grund, warum seine Kollegen ihm keine Überlebenschance einräumten. In dieser frustrierenden Situation informierte Dr. Hay sich über die Lebens- und Eßgewohnheiten der Naturvölker. Diesen sind sogenannte Zivilisationskrankheiten, wie z. B. Übergewicht, Zahnverfall, Magen-, Darm-, Herz-Kreislauf-, Zucker- und Rheumaerkrankungen unbekannt. Er stellte fest, daß sie sich ausschließlich von dem ernährten, was ihnen die Natur bot. Das waren vor allem Pflanzen, Früchte und Gräser. Nach seiner Kultivierung kam Getreide als Hauptnahrungsmittel dazu. Tierisches Eiweiß, also Fleisch gab es, wenn überhaupt, sehr selten und nur in geringen Mengen. Einer der Gründe ist darin zu sehen, daß das Jagen schwierig und gefährlich war. Auf Grund dieser Beobachtung kam Dr. Hay zu dem Schluß, daß diese Völker eine **natürliche Trennkost** lebten.

Er stellte seine Ernährungsgewohnheiten entsprechend um: 70 bis 80 % seiner täglichen Ernährung bestand fortan aus Obst, Gemüse, Kräutern und Salat, die Hälfte in roher Form. Er achtete darauf, daß die Nahrungsmittel so weit wie möglich naturbelassen, d. h. so wenig wie möglich be- und verarbeitet waren.

Er trennte zudem innerhalb einer Mahlzeit die konzentrierten Eiweiße von den konzentrierten Kohlenhydraten.

Gleichzeitig reduzierte er den Verzehr von Kohlenhydraten und Eiweißen.

Mit dieser **Ernährungsumstellung** brachte er seinen entgleisten Säure-Basen-Haushalt wieder ins Gleichgewicht. Daraufhin erlangte er zur Verblüffung seiner Kollegen seine Gesundheit wieder und konnte seine Arbeitskraft und Erfahrung noch jahrzehntelang in den Dienst der Menschheit stellen. Heute, lange nach seinem Tod, dürfen wir von seinen Erfahrungen profitieren. Nach Dr. Hay ist

die einzig wahre Behandlung aller
Krankheiten die Verhinderung ihrer Ursachen.

Nehmen Sie sein Vermächtnis an. Hören Sie mit der schleichenden Selbstvernichtung durch Messer und Gabel auf. Stellen Sie Ihre Eßgewohnheiten auf eine natürliche, lebenserhaltende Trennkostform um. Entsäuern Sie Ihren Körper, Ihren Geist und Ihre Seele und erlangen Sie Gesundheit, Vitalität und Fröhlichkeit!

Was ist unter vegetarischer Kost zu verstehen?

Bei allen Vegetariern spielt die Rohkost eine wesentliche Rolle in der täglichen Ernährungsweise.

Die sogenannten **Rohköstler** ernähren sich ausschließlich von Obst und Gemüse in roher Form. Erhitzte Nahrung wird grundsätzlich abgelehnt.

Die strengen Vegetarier, auch **Veganer** genannt, ernähren sich von Obst, Gemüse, Vollkorngetreide, Kartoffeln und Nüssen. Auf ihrem Speiseplan sind auch warme Gerichte zu finden. Sie verzichten jedoch auf alle tierischen Produkte.

Die **Lakto-Vegetarier** ernähren sich von Obst, Gemüse, Vollkorngetreide, Kartoffeln und Nüssen. Zusätzlich finden sich in ihrem Speiseplan Milch und Milchprodukte, wie z. B. Sahne und Käse.

Die **Ovo-Lakto-Vegetarier** ernähren sich von Obst, Gemüse, Vollkorngetreide, Kartoffeln, Nüssen, Milch, Milchprodukten und Eiern.

Bei den **Ovo-Lakto-Fisch-Vegetariern** findet sich zudem gelegentlich Fisch auf dem Speiseplan.

Die Ovo-Lakto-Vegetarier kommen in ihrer Ernährungsweise den vegetarischen Trennköstlern und den Vollwertköstlern am nächsten. Es handelt sich bei der vegetarischen Trennkost, wie bei der Vollwertkost, um eine vorwiegend lacto-vegetabile Ernährungsweise. Obst, Gemüse und Salat spielen eine wichtige Rolle. Sie nehmen einen wesentlichen Teil in der täglichen Ernährung ein. Die Hälfte dieser Nahrungsmittel soll in roher Form verzehrt werden.

Und doch gibt es zwischen den vegetarischen Trennköstlern und den Vollwertköstlern einige Unterschiede. Während die getrockneten Hülsenfrüchte in der Vollwertkost eine wichtig Rolle spielen, sind diese Nahrungsmittel in der Hayschen Trennkost nicht erlaubt. Hingegen werden in der vegetarischen Trennkost gekeimte Hülsenfrüchte, ebenso wie in der Vollwertkost, empfohlen. Vollkorngetreide, Milchprodukte und Nüsse sind feste Bestandteile beider Ernährungsformen.

Wöchentlich dürfen 1–2 Eier verzehrt werden. Zu dieser Menge zählen auch jene Eier, die verbacken bzw. beim Kochen verarbeitet werden.

Einmal in der Woche kann Fisch gegessen werden und 1–2mal in der Woche Fleisch. Dieses jedoch in geringer Menge, d. h. pro Portion 100 g Fleisch und maximal 150 g Fisch.

Um es noch einmal klarzustellen, Fisch und Fleisch *können* gegessen werden, *müssen* jedoch nicht im Speiseplan zu finden sein.

Weitere Aspekte der vegetarischen Trennkost und der Vollwertkost bestehen darin, daß

- überwiegend pflanzliche Nahrungsmittel verzehrt werden,
- die Nahrungsmittel möglichst frisch verwendet werden und die Gerichte fettarm zubereitet werden,
- etwa die Hälfte der Nahrungsmittel unerhitzt verzehrt wird,
- die Nahrungsmittel möglichst wenig be- und verarbeitet werden,
- Nahrungsmittel mit Zusatzstoffen gemieden werden,
- genmanipulierte und bestrahlte Nahrungsmittel nicht verwendet werden,
- möglichst nur Nahrungsmittel aus regionalem Anbau, der Jahreszeit entsprechend und aus kontrolliert biologischem Anbau verwendet werden,
- die Nahrungsmittel möglichst umweltschonend verpackt sind bzw. unverpackt verkauft werden,
- Nahrungsmittel unter sozialverträglichen Bedingungen erzeugt, verarbeitet und vermarktet werden (fairer Handel mit Entwicklungsländern).

Übersichtstabelle

**Worin unterscheidet sich die vegetarische bzw. Vollwerternährung
von der vegetarischen- bzw. vollwertigen Trennkost?**

Vollwertkost:

Empfohlene Nahrungsmittel:

50 % Frischkost
Obst, Gemüse, Salat, Kräuter

50 % erhitzte Kost

Vollkorngetreide
— frisch und erhitzt
alle daraus hergestellten Nahrungsmittel

qualitativ hochwertige Fette
— fettarme Ernährungsweise
70—80 g / Tag / Person

Nüsse

Roh- und Vorzugsmilch
angesäuerte Milch und alle Milchprodukte

Keimlinge / Sprossen

getrocknete Hülsenfrüchte

Nicht empfohlene Nahrungsmittel:

Alle denaturierten, d. h. stark be- und
verarbeiteten Nahrungsmittel, wie

isolierter Zucker
und alle daraus hergestellten Produkte

Auszugsmehl und Teilauszugsmehl
und alle daraus hergestellten Produkte

minderwertige Fette
größere Fettmengen

Konserven
Fertigprodukte
Light- und Diätprodukte

Bohnenkaffee
Schwarztee
alle gesüßten und erhitzten Säfte
Alkohol

Vollwertige vegetarische Trennkost:

Empfohlene Nahrungsmittel:

70—80 % Obst, Gemüse, Salat und
Kräuter, die Hälfte in roher Form

Vollkorngetreide
— frisch und erhitzt
alle daraus hergestellten Nahrungsmittel

qualitativ hochwertige Fette
— fettarme Ernährungsweise
70—80 g / Tag / Person

Nüsse

*

angesäuerte Milch und alle Milchprodukte

Keimlinge / Sprossen

* *

Nicht empfohlene Nahrungsmittel:

Alle denaturierten, d. h. stark be- und
verarbeiteten Nahrungsmittel, wie

isolierter Zucker
und alle daraus hergestellten Produkte

Auszugsmehl und Teilauszugsmehl
und alle daraus hergestellten Produkte

minderwertige Fette
größere Fettmengen

Konserven
Fertigprodukte
Light- und Diätprodukte

Bohnenkaffee
Schwarztee
alle gesüßten und erhitzten Säfte
Alkohol

Erläuterungen zur vorherigen Übersichtstabelle

* Zur Milch:

In der Hayschen Trennkost wird Frischmilch nicht unbedingt empfohlen.

Als günstiger werden alle angesäuerten Milchprodukte angesehe (siehe Getränke/Milch).

** Zu den getrockneten Hülsenfrüchten:

Durch das Trocknen von Hülsenfrüchten verschiebt sich das Verhältnis von den konzentrierten Kohlenhydraten zu den konzentrierten Eiweißen so ungünstig, daß ein Trennen nicht möglich ist (der Anteil ist fast 50:50%). Das ist auch die Ursache, warum der Verzehr von *getrockneten* Hülsenfrüchten zu Blähungen führt.

Aufgrund des hohen Anteils von pflanzlichem Eiweiß wäre es jedoch falsch, gänzlich auf Hülsenfrüchte in der Ernährung zu verzichten.

Ich empfehle deshalb Gerichte mit gekeimten Hülsenfrüchten. Durch den Keimungsprozeß verschiebt sich das Verhältnis von Kohlenhydraten zu Eiweiß so günstig, daß sie keine Blähungen mehr auslösen. Gekeimte Hülsenfrüchte sind in der Hayschen Trennkost sowohl mit Eiweiß- als auch mit Kohlenhydratgerichten kombinierbar (siehe Sprossen und Keime, Seite 53).

Warum Trennkost und dann auch noch vegetarisch?

Auf Grund verschiedener Untersuchungen kann man davon ausgehen, daß wir Menschen Allesesser sind. Jedoch nicht in der Form, wie es viele von uns praktizieren. Die Tendenz zum »Allesesser« hat in den letzten vierzig Jahren erschreckende Ausmaße angenommen. Gelegentlich drängt sich einem der Vergleich mit einem Müllschlucker auf.

Zum besseren Verständnis, was unter Allesesser zu verstehen ist, betrachten wir uns die ernährungsgeschichtliche Entwicklung des Menschen.

Da in den meisten Gebieten der Erde immer ausreichende Mengen an Pflanzen, Wurzeln und Gräser zur Verfügung standen, ernährten sich die Menschen anfangs ausschließlich davon.

Erst später, als der Mensch Werkzeuge erfunden hatte, kam Fleisch als zusätzliches Nahrungsmittel hinzu. Die Jagd war gegenüber dem Sammeln von Pflanzen wesentlich schwieriger und gefährlicher, so daß Fleisch nur sehr selten zur Verfügung stand. Die Länge des Darms und die Mahlzähne weisen darauf hin, daß sich der Mensch überwiegend von Pflanzen ernährte.

Mit dem Beginn des Ackerbaus stand ihm zusätzlich Getreide als Nahrungsmittel zur Verfügung.

Es muß jedoch erwähnt werden, daß sich im Zeitalter der »Jäger« eine *Minderheit* der Menschen von größeren Mengen Fleisch ernährte, was durch die klimatischen Besonderheiten für das Überleben der dort ansässigen Menschen unabdingbar war. Zu berücksichtigen ist, daß dies nur wenige Regionen der Erde betraf.

Bei Untersuchungen wurde festgestellt, daß diese Fleischesser sowohl über einen kürzeren Darm als auch über ausgeprägtere Reißzähne verfügten.

Da wir über einen langen Darm und ausgeprägte Mahlzähne verfügen, ist unser Verdauungssystem ohne Frage auf eine *überwiegend pflanzliche Kost* eingestellt.

Die menschlichen Organe und damit das Verdauungssystem war und ist nicht in der Lage, sich den heutigen, veränderten Ernährungsgewohnheiten anzupassen. Dies ist aus dem starken Anstieg von stoffwechselbedingten Erkrankungen ersichtlich.

Schauen wir uns zum besseren Verständnis die Verdauung von Kohlenhydraten und Eiweißen näher an.

Die **Kohlenhydratverdauung** beginnt im Mund durch das Enzym Ptyalin. Durch intensives Kauen können wir diesen Prozeß mitverfolgen. Die Stärke der Kohlenhydrate wandelt sich in Zucker um. Eine überwiegend kohlenhydrathaltige Speise beginnt während des Kauens süßlich zu schmecken. Da im Magen keinerlei kohlenhydratspaltende Enzyme vorhanden sind, passieren die Kohlenhydrate den Magentrakt lediglich. Erst im Dünndarm stehen kohlenhydratspaltende Enzyme (Amylasen) aus der Bauchspeicheldrüse und den Darmwandzellen zur weiteren Verdauung zur Verfügung.

Für die **Eiweißverdauung** stehen im Mundbereich keine Enzyme parat. Diese Tatsache sollte uns jedoch nicht dazu veranlassen, den Speisebrei weniger intensiv zu kauen. Erst wenn die Speisen gründlich zerkaut wurden, kann die Salzsäure des Magens den eiweißhaltigen Speisebrei denaturieren. Durch die Denaturierung wird das Eiweiß in seiner Struktur so aufgelockert, daß anschließend das Enzym Pepsin die Vorverdauung durchführen kann. Im Dünndarm dann findet anschließend durch die Proteasen aus der Bauchspeicheldrüse und den Darmwandzellen die endgültige Verdauung des Eiweißes statt.

Zusammenfassend läßt sich sagen, daß die Bauchspeicheldrüse und die Darmwandzellen sowohl kohlenhydratspaltende als auch eiweißspaltende Enzyme absondern. Da die meisten Nahrungsmittel sowohl Eiweiß als auch Kohlenhydrate in unterschiedlicher Menge enthalten, ist es notwendig, daß unser Stoffwechselsystem so funktioniert. Vermutlich führte aber genau diese Erkenntnis dazu, daß wir uns zu »Allesessern« entwickelt haben.

Auf Grund seiner persönlichen Erfahrung stellte Dr. Hay fest, daß wir falsch handeln, wenn wir *konzentrierte* Kohlenhydrate und *konzentrierte* Eiweiße innerhalb einer Mahlzeit zu uns nehmen. Es kommt zur verzögerten und unvollständigen Verdauung der Speisen. Der Speisebrei liegt zu lange in den Darmnischen, durch Feuchtigkeit und Wärme kommt es zur Gärung. Die bei der Gärung frei werdenden Gase und Säuren führen dazu, daß unser Körper übersäuert wird. Durch diese Übersäuerung wird unser Immunsystem angegriffen und wir erkranken.

Essen wir innerhalb einer Mahlzeit eine überwiegend kohlenhydrathaltige **oder** überwiegend eiweißhaltige Speise, wie dies Naturvölker taten, haben wir keine Verdauungsprobleme. Es kommt nicht zur Übersäuerung unseres Körpers. Wir wissen heute, daß praktisch alle Erkrankungen mit der Übersäuerung des Körpers einhergehen. Mit diesem Bewußtsein sollten wir darauf achten, daß wir durch unsere Ernährungsweise den Organismus nicht übersäuern.

Gerade in unserer Zeit können wir beobachten, wohin dies führt. Für uns ist es überwiegend selbstverständlich, wirklich »alles« und dann auch noch gleichzeitig zu essen.

Ich höre schon einige sagen — vorwiegend die Kinder der Nachkriegsgeneration —: »Daran sind meine Eltern schuld. Ich mußte immer den Teller leer essen und auch alles essen, was auf den Tisch kam.« Aus der Sicht unserer Eltern und aufgrund deren Erfahrungen war dieses Verhalten auch verständlich. Nur sind wir in der Zwischenzeit längst erwachsen, leiden zum Teil unter erheblichen stoffwechsel- bzw. ernährungsbedingten Erkrankungen und schaffen es nicht, »Eigenverantwortung« für unser Wohlbefinden zu übernehmen.

Was ist mit der Generation unserer Kinder?

Werden sie einmal genau so ohnmächtig dem Essen gegenüberstehen und sich beklagen: »Ich hatte keine andere Chance, ich wurde in diese Wohlstandsgesellschaft hineingeboren, in der immer alles vorhanden war. Ich kann nichts dazu, daß es mir gesundheitlich so schlecht geht. Meine Eltern haben sich schon so ernährt, ich habe nur deren Eßverhalten — da ich fast 20 Jahre bei ihnen lebte — so übernommen.«

Familienbedingte Erkrankungen sind häufig nicht genetisch angelegt. Oft treten sie nur immer wieder auf, weil gedankenlos von Generation zu Generation das gleiche, lebensverneinende Eßverhalten übernommen wird.

Wir sollten uns freuen, in einer Zeit und in einem Erdteil zu leben, wo wir immer und zu jeder Tages- und Nachtzeit über Nahrung verfügen können.

Hören wir mit dem Jammern auf, freuen wir uns, daß es so ist, und besinnen wir uns auf die natürliche Ernährungsweise unserer Vorfahren:

auf eine überwiegend pflanzliche Trennkost.

Der Säure-Basen-Haushalt

Mit ihm entscheidet sich unser Wohlergehen. Ob wir uns fit, fröhlich und damit gesund an Leib und Seele fühlen, hängt entscheidend von einem ausgeglichenen Säure-Basen-Haushalt ab. Dieser ist von unseren Lebens-, Eß- und Trinkgewohnheiten abhängig.

Betrachten wir die Naturvölker, die im Einklang mit der Natur lebten — und in Minderheiten noch heute so leben. Sie ernährten bzw. ernähren sich alle von einer überwiegend pflanzlich bestimmten Trennkost. Stoffwechselbedingte Erkrankungen sind ihnen fremd — wohl weil ihr Säure-Basen-Haushalt im Gleichgewicht ist.

Im Gegensatz dazu sieht die Gesundheitssituation in den Industrieländern erschreckend aus. Durch die Erfindung von Penicillin können Infektionskrankheiten erfolgreich behandelt werden. Erfreulicherweise führt dies dazu, daß wir heute eine höhere Lebenserwartung haben. Das darf jedoch nicht darüber hinwegtäuschen, daß immer mehr Menschen, auch jüngere, an stoffwechselbedingten Erkrankungen, sogenannten Zivilisationskrankheiten, leiden. Dadurch, daß die moderne Medizin immer noch mehr mit der Symptom- als mit der Ursachenbehandlung beschäftigt ist, entwickeln sich diese stoffwechselbedingten Erkrankungen zu chronischen Leiden. Dies führt dazu, daß die Menschen immer häufiger und länger erkranken.

Dr. Hay spricht davon, daß an der Übersäuerung nicht nur der Körper, sondern auch Geist und Seele beteiligt sind. Er nennt es die »große Krankheit«. Gemeint ist damit die Müdigkeit von

Geist und Seele. Antriebsschwäche, Freudlosigkeit, Depressionen und Aggression.

Betrachten wir unsere Eß- und Trinkgewohnheiten einmal genauer:

Wir essen zu schnell, zu fett, zu süß, mengenmäßig zuviel, zu minderwertig, zuviel Kohlenhydrate, zuviel Eiweiß, diese dann auch noch gemischt und damit zuviel durcheinander sowie zu spät abends.

Beim Trinken sieht es meist auch nicht besser aus. Wir trinken zu wenig, und wenn wir trinken, oft das falsche, wie erhitzte und gesüßte Säfte, Limonaden, Bohnenkaffee, Schwarztee und Alkohol.

Wenn wir zu schnell essen, haben wir bis zum Erreichen des Sättigungsgefühls schon viel zuviel gegessen. Meist handelt es sich um minderwertige Kost, oftmals zu fett und zu süß, also überwiegend um eine sehr kalorienreiche Ernährungsweise. Die lebensnotwendigen Inhaltsstoffe wie Vitamine, Mineralien, Ballaststoffe u. a. fehlen ihr. Bei dieser Minderkost treten Heißhungeranfälle immer häufiger auf, was wiederum dazu führt, daß oftmals zuviel »durcheinander« gegessen wird. Tierisches Eiweiß wie auch Kohlenhydrate in Form von Getreide sind Säurebildner und sollen nur in begrenzten Mengen und getrennt verzehrt werden. Essen wir spät abends, sind unsere Verdauungsorgane bereits auf Ruhe eingestellt. Die Speisen werden nicht mehr verdaut, und wir quälen uns nicht selten mit Alpträumen. Trinken wir zu wenig, können die Nieren und die Haut ihre säureregulierende Funktion nicht ausüben. Zudem führt das Trinken von gesüßten und erhitzten Säften, Limonaden, Bohnenkaffee, Schwarztee und Alkohol dazu, daß unser Organismus übersäuert wird. Alkohol löst zusätzlich noch Hungergefühle aus. Diese Ernährungsweisen führen dazu, daß die Nahrung unvollständig verdaut wird. Unvollständig verdaute Nahrung bleibt zu lange in Magen und Darm liegen. Durch Feuchtigkeit und Wärme kommt es zum Gären. Die bei der Gärung freiwerdenden Säuren greifen die Schleimhäute sowohl im Magen als auch im Darm an.

Magen- und Darmerkrankungen können die Folge sein. Die bei der Gärung freiwerdenden Säuren werden außerdem über die Darmzotten an das Blut und damit an die Körperflüssigkeit abgegeben. Unsere Körperzellen leben von der Zusammensetzung jener Körperflüssigkeit. An der Übersäuerung des Blutes und der Körperflüssigkeit (Lymphe) nimmt auch unser Gehirn teil. Dies führt zu Müdigkeit, Erschöpfung, Kopfschmerzen, Nervosität, Schlaflosigkeit und Konzentrationsstörungen. Der übersäuerte Körper versucht einen Ausgleich im Säure-Basen-Haushalt zu schaffen. Es werden Basenreserven aus den Zellen und dem Gewebe entnommen, vor allem Mineralien, z. B. Calcium. Durch den Calciumverlust kommt es zur Knochenentkalkung, die wiederum zu Osteoporose (Knochenbrüchigkeit) führen kann.

So geschwächt und »sauer« quälen wir uns mit halber Kraft durch das Leben. Mit Freuden das Leben genießen können wir leider nicht, das ist den Glücklichen, den »Sonnenkindern« vorbehalten. Worauf warten Sie?

Mit Warten werden Sie in Ihrem Leben nichts verändern. Haben Sie Mut! Übernehmen Sie die Verantwortung für Ihr geistiges, seelisches und körperliches Wohlbefinden.

Verändern Sie Ihre Eßgewohnheiten und sorgen Sie dafür, daß Ihr Säure-Basen-Haushalt ausgeglichen ist.

Trinken Sie täglich 2—3 l Flüssigkeit. Am besten in Form von Mineralwasser, Kräuter- oder Früchtetee ohne Schwarzteezusatz.

Ernähren Sie sich täglich von 70 % Basenbildnern
und von 30 % Säurebildnern.

Was sind Basenbildner?

Alle Obst-, Gemüse-, Salat- und Kräutersorten, Kartoffeln, Knoblauch, Zwiebeln.

Was sind Säurebildner?

Fleisch, Fisch, Geflügel, Wild, Wurst, Eiweiß, Käse, getrocknete Hülsenfrüchte, isolierter Zucker, Auszugsmehl, Getreide, alle gehärteten Fette, alle raffinierten Fette, alle Konserven, alle Fertigprodukte, alle Diät- und Lightprodukte, alle erhitzten und gesüßten Säfte, Limonaden, Bohnenkaffee, Schwarztee und Alkohol.

Wozu ballaststoffreiche Ernährung?

Eine Beobachtung regt zum Nachdenken an. Fast alle Menschen, die mit Gewichtsproblemen zu tun haben, gelegentlichem stoffwechselbedingtem Unwohlsein und erst recht jene, die an ernsthaften Krankheiten leiden, verbindet eines: sie ernähren sich überwiegend ballaststoffarm. Jetzt werden sich viele fragen, ja, in welchen Nahrungsmitteln finde ich denn diese Ballaststoffe? In allen Nahrungsmitteln, die Sie kauen müssen. Das ist Vollkorngetreide, Obst und Gemüse. In diesen Nahrungsmitteln finden wir die für unser Wohlbefinden so wichtigen essentiellen Inhaltsstoffe und die Ballaststoffe.

Begleiten wir die Ballaststoffe auf ihrer Reise durch die Verdauungsorgane:

Im Mund regt ballaststoffreiche Ernährung (Vollkorngetreide, Obst und Gemüse) zum längeren Kauen an. Das führt dazu, daß die Speisen intensiver vorverdaut werden und somit unsere Organe für die Verdauungsarbeit besser vorbereitet sind. Durch dieses längere Kauen erhält unser Zahnfleisch eine kostenlose Massage, die zum Zahnerhalt beiträgt. Bei der Umstellung auf diese Kost wird häufig festgestellt, daß beim Apfelessen das Zahnfleisch zu bluten beginnt. Lassen Sie sich deshalb nicht dazu verleiten, auf diese Kost zu verzichten. Spätestens nach 1–2 Wochen hat sich Ihr Zahnfleisch bei dieser Massage erholt, es blutet nicht mehr.
Ein ähnliches Phänomen ist Ihnen allen bekannt. Beginnen wir nach einer Zeit der körperlichen Inaktivität mit vermehrter Bewegung, so melden sich unsere Muskeln in Form von Muskelka-

ter. Dies veranlaßt uns nicht dazu, uns wieder weniger zu bewegen. Es führt nur zu der Erkenntnis, daß es höchste Zeit war, aktiv zu werden.

Im Magen begünstigt überschüssige Magensäure die Entstehung von Schleimhautentzündungen und Geschwüren. Eine ballaststoffreiche Nahrung bindet überschüssige Säure im Magen. Ein anderer erfreulicher Aspekt besteht darin, daß ballaststoffreicher Nahrungsbrei im Magen Flüssigkeit an sich bindet. Dadurch wird die Verweildauer des Speisebreis im Magen verlängert. Außerdem verfügt eine ballaststoffreiche Ernährung über eine große Menge an essentiellen Inhaltsstoffen wie Vitaminen, Mineralien, Aminosäuren und der mehrfach ungesättigten Linolsäure bei einem gleichzeitig geringen Kaloriengehalt. Dies sind einige Gründe, warum eine ballaststoffreiche Ernährung zu einem länger anhaltenden Sättigungsgefühl führt.
Es gibt keinen positiveren Weg zur Gewichtsreduktion als eine ballaststoffreiche Ernährung. Bedingt durch die Tatsache, daß während der Gewichtsreduktion Ihr Körper mit allen lebensnotwendigen Inhaltsstoffen versorgt wird, gelingt es Ihnen, froh und vital Ihr Gewicht zu reduzieren. Das (für viele) schwierige Abnehmen bzw. Gewichthalten ist damit auch kein Thema mehr.

Im Darm bindet der ballaststoffreiche Speisebrei — wie im Magen — Flüssigkeit. Dadurch wird das Volumen um das 3–5fache vergrößert. Dies führt dazu, daß größere und weichere Stühle abgesetzt werden. Damit gibt es keinen Grund mehr, Abführmittel einzunehmen. Bei der Einnahme von Abführmitteln handelt es sich lediglich um eine Symptombehandlung. Erfolgreich ist aber immer nur eine Ursachenbehandlung, und die besteht in einer Umstellung auf ballaststoffreiche Ernährung.

Diabetes II (Alterszucker) wird durch eine Fehlernährungsweise begünstigt, wenn nicht gar ausgelöst. Jahrzehntelang wurde eine

Minderkost konsumiert, d. h. eine ballaststoffarme Kost. Das Vorhandensein von Ballaststoffen bewirkt jedoch, daß die Stärke langsam in Zucker abgebaut wird, wodurch dieser langsam an das Blut abgegeben wird. Demzufolge kommt es nicht zu großen Schwankungen des Blutzuckerspiegels. Die sogenannten »Heißhungeranfälle« entfallen, die Gewichtsregulierung wird erleichtert.

Gefäßkrankheiten und die damit verbundenen Folgeerkrankungen gehen meist mit erhöhten Blutfettwerten, u. a. Cholesterinspiegel, einher. Für einen erhöhten Cholesterinspiegel gibt es mehrere Ursachen, z. B. fettreiche- oder ballaststoffarme Ernährung.

Beim Darm-Leber-Kreislauf werden von der Leber über die Gallenblase freie Gallensäuren in den Darm abgegeben. Diese haben die Eigenschaft, sich im Darm an Ballaststoff zu binden. Mit dem Stuhl verlassen sie auf natürliche Weise unseren Körper. Damit gehen weniger freie Gallensäuren über die Darmwand und die Pfortader zur Leber zurück. In der Leber werden aus den Cholesterinen neue Gallensäuren gebildet. Diese werden wieder über die Gallenblase an den Darm abgegeben. Damit kommt es zur Senkung des Cholesterinspiegels. Ernähren wir uns ballaststoffarm, so können die freien Gallensäuren nicht auf natürliche Weise den Darm verlassen. Sie gehen über die Darmwand und die Pfortader zur Leber zurück. Dort besteht für die Neuherstellung von Gallensäuren praktisch kein Bedarf an Cholesterin. Der Cholesterinüberschuß der Leber wird an das Blut abgegeben, und damit steigt der Cholesterinspiegel an (s. Abb. Seite 28).

Daß mit einer ballaststoffreichen Ernährungsweise Magen- und Darmerkrankungen vorgebeugt werden kann, gilt heute wissenschaftlich als gesichert.

Bei der Umstellung auf eine ballaststoffreiche Ernährung kann es sein, daß zunächst vermehrt Blähungen, Stuhlverstopfungen oder sonstige Unpäßlichkeiten auftreten. Sollte dies der Fall sein, so haben Sie etwas Geduld. Ihr Organismus war bisher eine ballast-

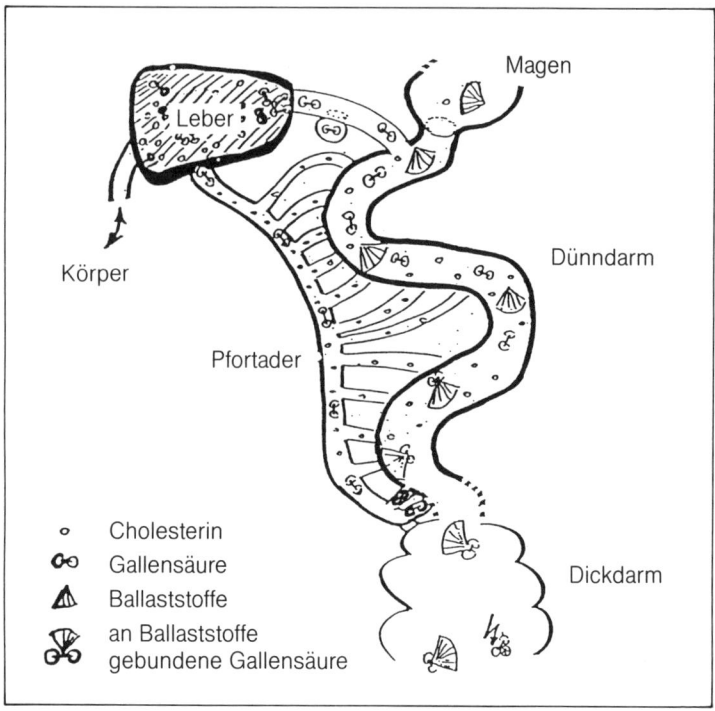

Leber

Magen

Körper

Dünndarm

Pfortader

o Cholesterin
∞ Gallensäure
△ Ballaststoffe
∞△ an Ballaststoffe
gebundene Gallensäure

Dickdarm

stoffarme Ernährungsweise gewohnt. Erhöhen Sie die ballaststoffhaltigen Nahrungsmittel langsam, jedoch kontinuierlich.

Für unser Wohlbefinden benötigen wir in unserer täglichen Ernährung sowohl unerhitzte als auch erhitzte Ballaststoffe.

Das ist der Grund, warum in der Trennkost die Hälfte der Basenbildner, Obst, Gemüse und Salat, roh verzehrt werden sollten. Diese Nahrungsmittel sollten 70 % der täglichen Ernährung ausmachen.

Da Getreide zu den Säurebildnern zählt, sollte sein Anteil nicht höher als 15–20 % täglich sein.

Der Rest ist mit anderen Nahrungsmitteln, z. B. angesäuerten Milchprodukten, abzudecken.

Die wichtigsten Nahrungsmittel und ihre Bedeutung

GETREIDE

Getreide ist seit Jahrtausenden eines der wichtigsten Grundnahrungsmittel der Menschen. Die Gründe liegen sicherlich darin, daß Getreide selbst in Notzeiten verfügbar und ein preiswertes Nahrungsmittel ist.

Ursprünglich wurde ausschließlich Vollgetreide verwendet. Das heißt, das gesamte Getreidekorn wurde verarbeitet und damit auch verzehrt.

Im Zuge der Industrialisierung zogen immer mehr Menschen in die Städte, um dort ihren Lebensunterhalt zu verdienen. Zunehmend wurden die kleinen Mühlen unrentabel. Zentrale Großmühlen arbeiteten effektiver. Doch nun entstand ein Problem: das Vollkornmehl wurde bei längerer Lagerung ranzig. Dies führte dazu, daß der fetthaltige Keim entfernt wurde. Zusätzlich kam ein anderes Phänomen hinzu: die bessere Gesellschaft konnte sich schon längere Zeit »weißes Mehl« leisten (Prestigedenken). Dieses weiße Mehl war vor der Industrialisierung nur schwierig herzustellen und dementsprechend teuer. Nun bestand die Möglichkeit, daß auch die breite Bevölkerung nicht mehr das »schmuddelig graue Mehl« essen mußte, sondern sich, wie die »besseren Leute«, weißes Mehl leisten konnte. Diese Entwicklung wurde zusätzlich von Ernährungsfachleuten unterstützt. Sie waren der Ansicht, daß jene Randschichten für unsere Ernährung nicht wichtig seien. Dieser »Abfall« wurde zur Viehfütterung verwendet. Den Menschen stand die schöne weiße Mehlkonserve, wie wir sie heute noch kennen, in Massen zur Verfügung.

Wie wichtig jedoch das gesamte Getreidekorn für unser körperliches, geistiges und seelisches Wohlbefinden ist, dazu schauen wir uns das Getreidekorn genauer an.

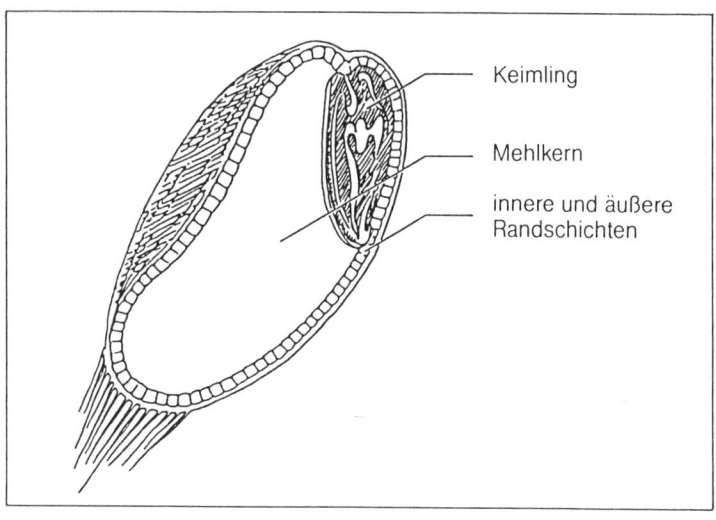

Keimling

Mehlkern

innere und äußere
Randschichten

Das Getreidekorn besteht aus den inneren und äußeren Randschichten, dem Keim und dem Mehlkörper.

Der Mehlkörper enthält Stärke und das Klebereiweiß. Dies benötigen wir zum Backen, denn ohne das Klebereiweiß und der Stärke gelingt uns kein Kuchen, kein Brot.

Der Keim ist reich an Vitaminen, Mineralien, Enzymen, pflanzlichem Eiweiß, Fett und vor allem an der essentiellen Linolsäure.

Die Randschichten sind reich an Ballaststoffen. Sie enthalten Vitamine, vor allem jene aus der B-Gruppe, Mineralien, pflanzliches Eiweiß und etwas Fett.

Das Mehl

Beim Mehl kennen wir zwei verschiedene Bezeichnungen. Diese stehen miteinander in Verbindung. Einmal den *Ausmahlungsgrad,* zum anderen die **Mehltypenbezeichnung.** Der Ausmahlungsgrad gibt an, wieviel beim Vermahlen von Getreide entfernt wurde. Wird beispielsweise 1 kg Getreide gemahlen und bleiben nur 450 g Mehl zurück, so hat dieses Mehl einen Ausmahlungsgrad von 45 %. Es handelt sich um ein niedrig ausgemahlenes Mehl. Sie kennen dieses Mehl unter der Typenbezeichnung 405. Diese Mehltypenbezeichnung gibt den mittleren Mineralstoffgehalt auf 100 mg Mehl an. In unserem Beispiel 405 mg auf 100 g Mehl.
Niedrig ausgemahlene Mehle sind die mit einer niedrigen Mehltypenbezeichnung (Type 405–812). Mittel ausgemahlene Mehle weisen Typenbezeichnungen von 1050–1600 auf und letztlich die hoch ausgemahlenen Mehlsorten jene mit 1700–2000. Hier beträgt der Ausmahlungsgrad bis zu 98 %. Je höher der Ausmahlungsgrad, desto höher ist die Typenbezeichnung und desto mehr mineralhaltige Randschichten enthält das Mehl.
Beim Vollkornmehl ist der Ausmahlungsgrad 100 %. Dieses Mehl hat auch keine Typenbezeichnung, in ihm sind die Mineralstoffe in unbegrenzter Menge vorhanden.
Festzuhalten ist, daß das Getreidekorn selbst haltbar und damit lagerungsfähig ist, ohne daß Inhaltsstoffe verlorengehen. Erst nach dem Vermahlen, bei der anschließenden Lagerung, verliert es an Inhaltsstoffen. Obwohl es empfehlenswert und auch wünschenswert ist, hat nicht jeder eine Getreidemühle in seinem Haushalt. Es empfiehlt sich, um in den Genuß des gesamten Korns zu kommen, das Mehl einmal in der Woche im Naturkostladen oder Reformhaus mahlen zu lassen. Dieses Vollkornmehl kann eine Wo-

che zu Hause im Küchenschrank aufbewahrt werden. Es gehen zwar bei dieser Lagerung einige Inhaltsstoffe verloren, jedoch ist dieses Vollkornmehl noch wesentlich gehaltvoller als abgepacktes Mehl. Eine andere Möglichkeit besteht darin, gemahlenes Vollkornmehl einzufrieren. Erschrecken Sie nicht, dieses Mehl ist nach dem Auftauen wieder rieselfähig!

Das Brot

Da wir das Glück haben, in einem der reichsten Länder der Erde zu leben, haben wir auch eine riesige Auswahl an Backwaren und damit an Brot und Brötchen. Gäbe es da nicht die ernüchternde Tatsache, daß es sich in der Mehrzahl um minderwertige Backwaren handelt. Beim Einkaufen von Brot ist es für den Verbraucher schwer zu entscheiden, um welche Art von Brot es sich handelt. Sollten Sie beim Kauf Bedenken haben, ob es sich um Vollkornbrot handelt, hilft nur die Frage: »Haben Sie eine eigene Getreidemühle in der Backstube, mahlen Sie Ihr Korn selbst«? Wird dies verneint, gibt es in dieser Bäckerei kein Vollkornbrot.
Hinweisen möchte ich auf eine Besonderheit, die dem Verbraucher nicht unbedingt bekannt ist. Teilweise wird beim Weizen und Roggen nur der Keim entfernt. So bleibt vom Aussehen der vollwertige Charakter des Mehls und damit des Brotes erhalten. Dadurch ist dieses Brot länger haltbar. Im Handel wird es dann als *Weizen-* oder *Roggenschrotbrot* bzw. als *Schrotbrot* verkauft.
Durch das Abtrennen des Keims und der Randschichten vom Getreidekorn gehen essentielle Inhaltsstoffe verloren. Dies sind Vitamine, vor allem jene der B-Gruppe, Mineralien, pflanzliches Eiweiß und Fett, insbesondere die mehrfach ungesättigte Linolsäure. Essentielle Inhaltsstoffe sind jene, die wir mit der Ernährung unserem Körper zuführen müssen. Erst mit diesen essentiellen Inhaltsstoffen ist unser Organismus in der Lage, andere lebensnotwendige Stoffe herzustellen. Führen wir unserem Körper, bedingt durch die weitverbreitete Minderkost, diese essentiellen

Inhaltsstoffe nicht zu, leiden wir Not. Wir sind trotz Überernährung und damit Übergewicht mangelversorgt.

Der Teufelskreis beginnt. Durch diese Mangelernährung gerät unser Säure-Basen-Haushalt aus dem Gleichgewicht. Wir fühlen uns müde, überfordert, freudlos. Möglicherweise leiden wir zuerst nur gelegentlich an stoffwechselbedingten Unpäßlichkeiten. Verändern wir unsere Eßgewohnheiten nicht, können wir davon ausgehen, daß sich diese Unpäßlichkeiten in Krankheiten verändern.

Seien wir uns bewußt, daß jeder einzelne von uns dazu beiträgt, daß diese Minderkost weiter hergestellt und verkauft wird.

In den letzten Jahren ist jedoch eine erfreuliche Trendwende zu beobachten: Sie werden immer mehr, die Vollwertbäcker. In unserem eigenen und im Interesse unserer Kinder und Enkelkinder sollten wir durch den Kauf von Vollkornprodukten diese Entwicklung beschleunigen.

GEMÜSE, SALAT, KRÄUTER UND OBST

Seit Urzeiten sind die menschlichen Verdauungsorgane an eine überwiegend pflanzliche Ernährungsweise gewöhnt. Leider ist der Verzehr genau von diesen Nahrungsmitteln in den letzten Jahren zugunsten minderwertiger Nahrung stark zurückgegangen. Das ist sicherlich ein Grund, warum so viele von uns mit stoffwechselbedingten Unpäßlichkeiten oder gar Krankheiten behaftet sind.

Die Haysche Trennkost empfiehlt, daß 70 % der täglichen Ernährung aus Obst, Gemüse und Salat bestehen sollten. Zu dieser Gruppe zählen u. a. auch Zwiebeln, Knoblauch, alle eßbaren Pilzarten und Kräuter.

Die Änderung in der Hayschen Trennkost besteht darin, daß *alle*

Gemüsesorten als *neutral* einzuordnen sind. Das heißt, alle Gemüsesorten dürfen erhitzt oder unerhitzt zu eiweißhaltigen oder zu kohlenhydrathaltigen Mahlzeiten kombiniert werden. Lediglich die *Kartoffel,* die *Batate* und die *Topinambur* werden nach wie vor nur zu *Kohlenhydratmahlzeiten* verzehrt.

Nach wie vor sind in der Hayschen Trennkost *getrocknete Hülsenfrüchte* nicht erlaubt. Als Keimlinge jedoch sind sie jederzeit verwendbar (siehe »Sprossen und Keime«, Seite 53).

Obst, Gemüse, Kräuter und Salat haben ernährungsphysiologisch hervorragende Eigenschaften. Sie sind besonders reich an Vitaminen und Mineralien, bei einem gleichzeitig geringen Energie-/Kaloriengehalt. Allein diese Tatsachen sollten es leichtmachen, den täglichen Anteil dieser Nahrungsmittel zu erhöhen.

Damit möglichst wenig Inhaltsstoffe verlorengehen, sollte folgendes bei der Zubereitung beachtet werden:

Obst, Gemüse und Salat möglichst nicht zerkleinert waschen. Unmittelbar vor dem Verbrauch erst klein schneiden. Das Gemüse mit wenig Wasser garen, jedoch nicht ganz gar kochen. Das Gemüse sollte noch Biß haben. Erbsen, grüne Bohnen und Auberginen nur vollständig gegart verzehren! Durch das Garen werden die in diesen Gemüsearten enthaltenen Giftstoffe für unseren Organismus unschädlich. Bei den Tomaten muß der grüne Stiel, bei den Kartoffeln eventuell vorhandene grüne Stellen entfernt werden. Es handelt sich auch hier um Giftstoffe, die für Empfindliche und vor allem für Kinder unverträglich sind. Da sich die meisten Mineralien bei der Kartoffel direkt unter der Schale befinden, sollten diese möglichst nicht geschält werden. Die Kartoffeln unter fließendem Wasser mit der Gemüsebürste säubern. Mit relativ wenig Wasser — die Kartoffeln sollten nur zur Hälfte mit Wasser bedeckt sein — kochen. Da Kartoffelstärke nur in gegartem Zustand für den menschlichen Organismus verdaulich ist, sollten Kartoffeln nur vollkommen gegart verzehrt werden. Eventuell die Kartoffeln nach dem Garen pellen. Dies ist jedoch nicht erforderlich. Sie können Kartoffeln bedenkenlos mit der Schale essen. Bei Kräutern und Blattsalat nach dem Waschen das Restwasser mit der Salatschleuder entfernen. Obst, Gemüse, Salat und Kräuter sollten der Jahreszeit entsprechend auf dem Speiseplan stehen. Denn nur sonnengereiftes Obst, Gemüse, Salat und Kräuter verfügen über alle Inhaltsstoffe. Aromastoffe entfalten sich hauptsächlich durch die Sonneneinwirkung, wodurch Obst und Gemüse erst ihren Eigengeschmack erhalten. Gemüse möglichst frisch verwenden. Durch längeres Lagern gehen Inhaltsstoffe verloren.

Für berufliche und private Auslandsaufenthalte habe ich auch exotische Früchte in der Nahrungsmittel-Tabelle aufgeführt.

Im Winterhalbjahr sieht die Versorgung mit pflanzlichen Nahrungsmitteln schlechter aus.

Daher ist es verständlich, daß viele auf konserviertes Obst und Gemüse in Gläsern oder Dosen zurückgreifen. Leider gehen bei dieser Art der Konservierung durch die Erhitzung praktisch alle wichtigen Inhaltsstoffe verloren. Hinzu kommt, daß bei dieser Art der Konservierung fast immer Zucker, Salz und andere Konservierungsstoffe zugesetzt werden. Hier handelt es sich um eine Minderkost, die außer wertlosen Kalorien nichts zu bieten hat. Demnach kann ich Ihnen von dieser Art Nahrungsmittel nur abraten.

Eine bessere Möglichkeit bietet sich bei der Konservierung mittels Milchsäuregärung an (z. B. Sauerkraut). Hierzu werden weder Zucker noch andere Konservierungsstoffe benötigt. Bei dieser Art der Haltbarmachung wird das Gemüse nicht erhitzt. So bleiben alle Vitamine, Mineralien und Ballaststoffe erhalten.

Außerdem besteht die Möglichkeit, Obst und Gemüse einzukellern. Leider sind die meisten modernen Kellerräume für diese Art der Lagerung zu warm.

Eine andere Möglichkeit der Konservierung von Obst, Gemüse und Kräutern besteht im Tiefgefrieren. Bei dieser Art der Konservierung wird weder Salz noch Zucker benötigt. Beim Kauf von Tiefkühlkost ist darauf zu achten, daß Sie nur naturell eingefrore-

Gemüse-Saison-Übersicht

	Jan.	Feb.	März	April	Mai	Juni	Juli	Aug.	Sept.	Okt.	Nov.	Dez.
Batate	○	○	○							●	●	●
Blumenkohl						•	●	●	●	•		
Bohnen, grün						•	●	●	●	•	•	
Brokkoli							•	●	●	•		
Chinakohl	○	○	○	○	○	●	●	●	●	●	●	○
Eisbergsalat						•	•	●	●	•		
Endiviensalat	○	○	○	○			●	●	●	●	●	○
Erbsen						•	•	●	•	•		
Feldsalat	●	●	●	•					•	●	●	●
Fenchel								•	●	●	●	•
Grünkohl	○	○	○							•	●	○
Gurken						•	●	●	●	•	•	
Kohlrabi					●	●	●	●	•	•	•	
Kopfsalat					•	●	●	•	●	•	•	
Kürbis								•	•	•		
Lauch	○	○	○	○	○		•	●	●	●	●	○
Mangold					•	●		•	•	•		
Möhren	○	○	○	○	•	•	●	●	●	●	●	○
Paprika						•	●	•				
Radieschen				•	•	•	●	●	●	●	•	
Rettich	○	○					●	●	●	●	○	
Rosenkohl	○	○	○	○					•	○	●	●
Rote Bete	○	○	○						•	●	●	●
Rotkohl	○	○	○	○	○		•	●		●	○	○

	Jan.	Feb.	März	April	Mai	Juni	Juli	Aug.	Sept.	Okt.	Nov.	Dez.
Schwarzwurzeln	○	○	○	○						●	●	●
Sellerieknollen	○	○	○	○					•	●	●	○
Spargel				•	●	•						
Spinat				●	●	•			•	●	●	•
Steckrüben	○	○	○	○						●	●	○
Tomaten							•	●	●	•		
Topinambur	●	●	●					●	●	•	●	●
Weißkohl	○	○	○			•	●	●	●	•	●	○
Zucchini						•	●	●	•			

Obst-Saison-Übersicht

	Jan.	Feb.	März	April	Mai	Juni	Juli	Aug.	Sept.	Okt.	Nov.	Dez.
Äpfel	○	○	○	○				•	●	●	○	○
Aprikosen							•	●	•	•		
Birnen	○	○	○	○			•	•	●	●	○	○
Brombeeren							•	●	●			
Erdbeeren						●	•	•				
Heidelbeeren							●	●	•			
Himbeeren						•	●	•				
Johannisbeeren						•	●	•				
Mirabellen								•	●	•		
Pflaumen						•	●	●	●	•		
Sauerkirschen						•	●	•				
Süßkirschen					•	●	•					
Stachelbeeren						•	●	•				
Weintrauben								•	●	•		

● großes Angebot an frischer Ware   • kleines Angebot an frischer Ware   ○ gelagerte Ware

nes Obst und Gemüse kaufen, keine fertigen Gemüsepfannen- oder Rahmgemüsearten. Bei diesen Produkten handelt es sich um stark be- und verarbeitete Nahrungsmittel, denen Zusatzstoffe beigefügt wurden, die nur dazu beitragen, unseren Organismus zu übersäuern. Die Zubereitung von tiefgefrorenem Gemüse ist zeitsparend und nicht besonders aufwendig.

Beim Konservieren von Obst steht uns außer dem Tiefgefrieren noch das Dörren oder Trocknen zur Verfügung.

ZUCKER

Beim isolierten Zucker verhält es sich ähnlich wie beim Auszugs- mehl. Bis zum Zeitpunkt der Industrialisierung gab es für die breite Masse der Bevölkerung keinen isolierten Zucker. Dieser war sehr schwierig und teuer zu gewinnen und damit nur einer Minderheit vorbehalten. Mit der Möglichkeit, auch die breite Be- völkerungsschicht mit isoliertem Zucker zu versorgen (Prestige- denken), begann langsam, aber unaufhaltsam der Zuckerver- brauch zu steigen.

Mit dem heutigen Gesundheitsbewußtsein wird dann häufig brauner Zucker anstelle des weißen verwendet. Brauner Zucker ist ein Zwischenprodukt bei der Zuckerherstellung. An ihm haf- tet noch Sirup, da ihm noch ein Reinigungsprozeß fehlt. Brauner Zucker ist deshalb ebenso wie der weiße ein isolierter Zucker. Al- len isolierten Zuckerarten fehlen essentielle Inhaltsstoffe. Damit steht fest, daß es keinen Bedarf an isoliertem Zucker in unserer Ernährung gibt. Isolierter Zucker enthält ebenso wie Auszugs- mehl lediglich leere Kalorien, die zu Gewichts- und damit zu Ge- sundheitsproblemen führen.

Isolierter Zucker ist überdies ein hochgradiger Säurebildner. Be- gleiten wir ihn auf seinem Wege durch unser Verdauungssystem: Durch den Speichel im Mund und durch winzigste Speisereste kommt es im Mund zum Zahnbelag. Beim Genuß von isoliertem Zucker wird dieser nun durch die Bakterien des Zahnbelags in Säure umgewandelt. Diese Säure ist sehr aggressiv und greift den Zahnschmelz an. Sie entzieht ihm Mineralstoffe, wodurch die Härte des Zahnes gemindert wird. Der Zahnschmelz wird brüchig und weich, so daß die Säure in den Zahn eindringen kann. Bei der in den Industrieländern überwiegenden Mangelernährung, kommt es im Körper zu einem chronischen Mineralienmangel. Um Organe mit Mineralien zu versorgen, werden Zähnen und Knochen Mineralien entzogen. Hierdurch kommt es somit beim Genuß von isoliertem Zucker und anderen leeren Kalorienträgern zusätzlich zur Entmineralisierung der Zähne und damit zu Karieserkrankungen von innen.

Im Magen findet wiederum eine Reizung der Schleimhäute statt. Magenschleimhautentzündungen und Sodbrennen sind typische Zeichen einer Übersäuerung des Magens. Durch die Übersäuerung der Magenschleimhaut wird zudem ein Hungergefühl ausgelöst. Dies veranlaßt uns wiederum dazu, mehr zu essen.

Auch im Darm gärt der zuckerhaltige Speisebrei, es kommt zur verlängerten Passagezeit und damit zur Stuhlverstopfung. Die Bakterien können sich im Darm massenhaft vermehren und die Darmschleimhaut angreifen. Dies führt zu Blähungen, Darmschleimhautentzündungen und übelriechenden Stühlen. Vergorene Stühle sind ein deutlicher Hinweis, daß durch die Fehlernährung unser Säuren-Basen-Haushalt aus dem Gleichgewicht geraten ist.

Isolierter Zucker verfügt über keine Ballaststoffe. Bei zuckerhaltigen Speisen, vor allem in Verbindung mit Auszugsmehl, dem ebenfalls die Ballaststoffe fehlen, kommt es zur Stuhlverstopfung. Daß zwischen dem hohen Fettverbrauch und den hohen Blutfettwerten ein Zusammenhang besteht, ist vielen von uns bekannt. Daß auch zwischen dem Verbrauch von isoliertem Zucker und einem erhöhten Triglycerid- sowie Cholesterinwert ein Zusammenhang besteht, ist vielen nicht bekannt. Die Erhöhung beider

Blutfettwerte führt zur Gefäßverkalkung, und diese erhöht u. a. das Herzinfarkt- und Schlaganfallrisiko. Von vielen Wissenschaftlern wird heute ein enger Zusammenhang zwischen der Gefäßverkalkung und den daraus resultierenden Krankheiten sowie der Zuckerkrankheit (Diabetes mellitus) gesehen.

Der isolierte Zucker wird vom Darm rasch verarbeitet, durchdringt sofort die Darmwände und verursacht im Blut einen raschen Anstieg des Blutzuckerspiegels. Daraufhin muß die Bauchspeicheldrüse sofort Insulin an das Blut abgeben, um den rasch angestiegenen Blutzuckerspiegel wieder zu senken. Nicht selten mit dem Ergebnis, daß die Bauchspeicheldrüse zuviel Insulin abgibt. Resultat: der Blutzuckerspiegel fällt unter den Normwert. Dies bedeutet, daß Zellen, Muskeln und Organe sowie das Gehirn nicht mehr ausreichend mit Energie versorgt werden. Es kommt zum drastischen Leistungsabfall. Wir befinden uns in einer Phase der Unterzuckerung. In diesem Stadium schüttet die Bauchspeicheldrüse das Hormon Glukagon aus, damit der Blutzuckerspiegel wieder angehoben wird. Das Gehirn meldet Heißhunger, und wir schieben die nächste Minderkost, meist in Form von zuckerhaltigen Speisen, in uns hinein. Der Kreislauf beginnt von neuem. Es wird wieder Insulin ausgeschüttet … Man könnte es mit einem Roulettespiel vergleichen. Wen wundert es, wenn bei dieser Dauerstreßbelastung, die viele von uns Jahre, gar jahrzehntelang durchhalten, die Organe schlappmachen und wir an Diabetes erkranken?

Ein anderes Problem ist die Unverträglichkeit verschiedener Speisen durch isolierten Zucker. Immer wieder erlebe ich in meinen Kursen, daß Teilnehmer berichten, kein Obst, kein Gemüse oder keine Vollkornprodukte zu vertragen. Wird dann für 1–2 Wochen auf isolierten Zucker verzichtet, vertragen die Teilnehmer zunehmend Obst, Gemüse und Vollkornprodukte.

Fest steht, daß wir für unser Wohlbefinden in der täglichen Ernährung keinen isolierten Zucker benötigen. Er verfügt über keinerlei lebensnotwendige Inhaltsstoffe, lediglich über sehr viele leere Kalorien. Zur Behandlung aller Gesundheitsschädigungen, die durch isolierten Zucker ausgelöst werden, haben wir heute entsprechende Medikamente und Injektionen. Diese Therapien entsprechen jedoch nur einer Symptom-, nicht einer Ursachenbehandlung. Zur Beseitigung der Ursachen gibt es nur *eine* Möglichkeit: Verzicht auf isolierten Zucker und damit Verzicht auf Minderkost.

SÜSS-STOFF

Viele glauben, isolierten Zucker durch Süßstoff ersetzen zu können. Dies ist eine Fehlinterpretation. Die bei den meisten erhöhte Süßschwelle reduzieren wir nicht durch den Austausch von Zucker gegen Süßstoff. Es darf bezweifelt werden, daß Übergewicht durch Süßstoff reduziert werden kann. Wie wäre es sonst zu erklären, daß immer mehr Menschen, obwohl sie oft jahrzehntelang regelmäßig Süßstoff verwenden, immer noch Gewichtsprobleme haben? Wenn dem so wäre, müßte der Süßstoffverbrauch nach über 30—35 Jahren sinken. Er steigt jedoch beständig weiter an.
Beobachtungen beim Fasten von dauernden Süßstoffbenutzern stimmen nachdenklich. Von ihnen wird am 2.—3. Tag der Entgiftungsphase ein unangenehmer, süßstoffähnlicher Geschmack auf der Zunge wahrgenommen. Dies ist ein Hinweis, daß der Süßstoff nicht verstoffwechselt, sondern im Gewebe abgelagert wird, was ebenfalls wieder zur Übersäuerung unseres Körpers führt.

HONIG

Was bleibt jetzt noch zum Süßen? Z. B. Honig. Achten Sie darauf, daß es sich um einen naturbelassenen Honig handelt. Die Bezeichnungen lauten »kalt geschleudert« und »nicht wärmebehandelt«. Die Aufschrift »kalt geschleudert« ist an sich nicht korrekt, denn Honig läßt sich nicht warm schleudern. Gemeint ist mit dieser Bezeichnung, daß der Honig nicht wärmebehandelt wurde, und darauf kommt es an. Honig enthält organische Säuren, Enzyme, Aromastoffe, Pigmente, Wachse und Pollen. Die hohe Süßschwelle, an der die meisten von uns leiden, kann aber nicht gesenkt werden, wenn wir die gleiche Menge Honig gegen den bisherigen Verbrauch von Zucker austauschen.

Aus diesem Grund sollte der Honig bevorzugt in verdünnter Form, z. B. beim Backen oder zum Nachtisch verwendet werden. Honig in unverdünnter Form löst ebenso Karies aus wie isolierter Zucker.

Unser Ziel sollte die Senkung der Süßschwelle sein.

Bei einer vollwertigen Ernährungsweise verringert sich nach und nach das Verlangen nach Süßem.

GETRÄNKE

Die meisten Menschen trinken zu wenig, und wenn sie trinken, handelt es sich meist um Bohnenkaffee, Schwarztee oder Alkohol. Bier scheint für viele kein Alkohol zu sein.

Bohnenkaffee und Schwarztee sind reine Säurebildner, und von daher sollte auf den Genuß dieser Getränke verzichtet werden.

Alkoholische Getränke sind zwar in der Trennkost nicht grundsätzlich gestrichen, sollten wegen ihrer gesundheitsschädigenden Wirkung jedoch nur gelegentlich und dann auch nur in kleinen Mengen, evtl. verdünnt, wie z. B. als Weinschorle, getrunken werden.

Fruchtsaftgetränke, Fruchtnektar, Limonaden sollten gemieden werden. Zum einen ist der Fruchtanteil in diesen Getränken sehr gering, dafür ist der Wasser- und Zuckeranteil um so höher. Handelt es sich um sogenannte »Diätgetränke«, wurde der Anteil an Zucker durch Süßstoff ausgetauscht.

Obst- und Gemüsesäfte sollten — wenn überhaupt — nur verdünnt getrunken werden. Durch das Erhitzen, aber auch durch das Abscheiden des Tresters fehlen diesen Säften essentielle Inhaltsstoffe wie auch die Ballaststoffe. Sehr rasch sind z. B. 10 Möhren oder 5 Apfelsinen in Form von Saft getrunken. Selten, eher nie, ißt man diese Menge von Obst oder Gemüse hintereinander. Durch die vermehrte Fruchtsäure bei völligem Fehlen der Ballaststoffe haben unsere Stoffwechselorgane demzufolge erhebliche Probleme mit der Verdauung. Nicht selten führt dies zu Magen- und Darmproblemen. Dies gilt auch für frisch ausgepreßte Säfte. Günstiger ist es, das Obst oder Gemüse roh zu essen.
Beim Fasten sind Frucht- und Gemüsesäfte ganz anders zu bewerten. Diese werden dann ebenfalls verdünnt und frisch gepreßt schlückchenweise eingespeichelt und getrunken.

Damit die Nieren sowie die Haut ihre säureregulierende Funktion erfüllen können, ist es erforderlich, täglich 2—3 l Flüssigkeit zu sich zu nehmen. Zudem sollen Getränke den Durst löschen und nicht den Nährstoffbedarf decken — dafür ist das Essen zuständig.

Als Getränke zu empfehlen sind:

Mineralwasser, das möglichst natriumarm sein sollte. Ob es sich um kohlensäurereduziertes Wasser handelt oder nicht, ist letztlich eine reine Geschmacksfrage.

Kräuter- und Früchtetees ohne Schwarzteezusatz dürfen ungesüßt ebenso wie **Mineralwasser** in reichem Maße getrunken werden. Bei den Tees haben wir eine breite Palette zur Auswahl, von der wir Gebrauch machen sollten.

MILCH UND MILCHPRODUKTE

Milch und Milchprodukte tragen zur Versorgung mit Calcium, Vitamin B und Eiweiß bei. Für die meisten Säuglinge ist Muttermilch die natürlichste und damit die beste Form der Ernährung. Für Kinder kann die Milch durchaus ein vollwertiges Nahrungsmittel darstellen. Anders sieht es bei den Erwachsenen aus. Viele Erwachsene haben Schwierigkeiten, Milch zu vertragen. Dies hängt damit zusammen, daß die Milch immer wieder als Getränk eingesetzt wird. Milch ist jedoch ein Nahrungsmittel und sollte, schlückchenweise eingespeichelt, konsumiert werden. Ein weiterer Grund besteht darin, daß der menschliche Organismus mit zunehmendem Alter immer weniger Lactase, das Enzym zur Verdauung der Lactose (Milchzucker), produziert.
Es wäre jedoch falsch, deshalb auf alle Milchprodukte zu verzichten. Bei angesäuerten Milchprodukten ist der Milchzucker, der uns bei der Verstoffwechselung Probleme bereiten kann, bereits einmal aufgespalten. Die Inhaltsstoffe sind in Sauermilchprodukten ebenso enthalten wie in der Frisch- bzw. Vorzugsmilch. Damit sind all diese Produkte empfehlenswert. Zu berücksichtigen ist nur, daß mit fetten Milchprodukten wie z. B. mit Crème fraîche

oder saurer Sahne sparsam umgegangen werden sollte. Hingegen darf mit den anderen Sauermilchprodukten wie Buttermilch, Kefir, Dickmilch und Joghurt großzügig verfahren werden.

Verzichten sollten Sie auf entrahmte und teilentrahmte Milch und Milchprodukte, H-Milch, Dosenmilch und H-Sahne. Der Verzehr von Frucht- bzw. Diätjoghurt ist ebenfalls nicht zu empfehlen. Beim normalen Fruchtjoghurt wurde mit Zucker konserviertes Obst verarbeitet. Beim Diätjoghurt wird meist Magermilchjoghurt mit konserviertem Obst und Zuckeraustauschstoffen vermischt. Das gilt für alle angesäuerten Milchprodukte, wie z. B. Quark.

Falls Sie Appetit auf einen Fruchtjoghurt haben, nehmen Sie einen Vollmilchjoghurt und schneiden sich frisches Obst dazu. Jetzt haben Sie einen köstlichen Fruchtjoghurt, der nicht zur Übersäuerung Ihres Körpers beiträgt.

FETTE

»Fett? Nein, ich achte darauf, fettarm zu leben.« Auf diese Aussage treffe ich immer wieder, wenn ich über Fette spreche. Offensichtlich gibt es in unserer Gesellschaft ein Bewußtsein für Fett. Ein Grund dafür sind sicherlich die zu hohen Blutfettwerte, u. a. ein zu hoher Cholesterinspiegel. Berechtigterweise fürchten viele die Folgen dieser aus dem Gleichgewicht geratenen Blutwerte. Deshalb versuchen sie, Fett bei der Zubereitung der Mahlzeiten einzusparen. Unberücksichtigt bleibt dabei, daß vor allem in Fertiggerichten und pikanten sowie süßen Naschereien minderwertiges Fett in sehr großen Mengen enthalten ist. Ein zweites Problem besteht bei der sogenannten Minderkost darin, daß es sich um eine zumindest ballaststoffarme, wenn nicht sogar ballaststofffreie Ernährung handelt (siehe Ballaststoffe, Seite 25).

Die Öle

Bei der ersten Pressung von Ölfrüchten bzw. Ölsaaten besteht die Möglichkeit, zusätzlich Wärme zuzuführen, um eine höhere Ölausbeute zu erreichen. Diese Öle müssen anschließend raffiniert oder extrahiert werden, dabei gehen Inhaltsstoffe verloren.

Bei einem anderen, dem ursprünglichen Verfahren, wird bei der ersten Pressung keine zusätzliche Wärme zugeführt. Es wird durch den Preßdruck eine Temperatur von maximal 40 Grad erreicht. Dieses Öl wird im Handel als »kaltgepreßtes, nicht raffiniertes Öl« oder »Öl aus erster Pressung, unraffiniert« angeboten und verkauft. Diese nicht erhitzten, unraffinierten Öle enthalten gegenüber erhitzten Ölen die meisten Inhaltsstoffe, z. B. Vitamine, aber auch die mehrfach ungesättigte Linolsäure. Kaltgepreßte Öle sind nach dem Öffnen der Flasche nur 4–8 Wochen haltbar. Sie sollten im Kühlschrank aufbewahrt werden.

Ob Sie nun Sonnenblumen-, Distel-, Olivenöl oder ein anderes Öl verwenden, ist Geschmackssache.

Wichtig und wesentlich beim Kauf ist, daß Ihr Öl mit der Bezeichnung *aus erster Pressung, unraffiniert* oder *kaltgepreßt, unraffiniert* versehen ist.

Wegen des wertvollen Gehalts der essentiellen, mehrfach ungesättigten Linolsäure soll Öl nur zur *Kaltanwendung,* z. B. zu Salaten, verwendet werden. Wird Öl bei Gemüsegerichten verwendet, soll dieses erst nach dem Dünsten, unmittelbar vor dem Anrichten, dazugegeben werden.

Einzige Ausnahme stellt **Olivenöl** dar. Auf Grund der Tatsache, daß Olivenöl einen hohen Gehalt an einfach ungesättigten Fettsäuren aufweist, verfügt es über einen Rauchpunkt von ca. 200 Grad. Damit ist es außer zur Kalt- auch zur Heißanwendung geeignet, z. B. im Nudelkochwasser. Der Rauchpunkt ist jene Temperatur beim Erhitzen, bei der das Fett zu rauchen (qualmen) beginnt. Da durch das Überhitzen gesundheitsgefährdende Stoffe freigesetzt werden, darf überhitztes Fett nicht verwendet werden.

Das Kokosfett

Da Kokosfett ebenfalls einen hohen Rauchpunkt von ca. 200 Grad hat, eignet es sich zum Braten und zum Einfetten von Kuchenformen und Backblechen. Beim Kauf von Kokosfett sollte auf die Bezeichnung »ungehärtetes Kokosfett« geachtet werden. Diese Fette haben weniger Prozesse durchlaufen und sind damit auch weniger gesundheitsschädigend.

Die Margarine

ist ein reines Streichfett. Es gibt kaum einen Grund, Margarine zu verwenden. Wenn Sie jedoch nicht darauf verzichten möchten, beachten Sie beim Kauf, eine Sorte mit einem hohen Anteil von Kaltpreßöl auszuwählen, welche im Handel erkenntlich an der Bezeichnung *ungehärtete Margarine* ist.

Die Butter

ist ein Streichfett und das natürlichste tierische Fett, das wir haben. Im Gegensatz zu pflanzlichem Fett enthält sie Cholesterin. Diese Tatsache hat sicherlich auch dazu geführt, daß die Butter für einen erhöhten Cholesterinspiegel verantwortlich gemacht wurde. Dafür sind jedoch viele Faktoren mitverantwortlich. Wird die tägliche Gesamtfettmenge von 70—80 g pro Tag und Person sowie eine ballaststoffreiche Ernährungsweise berücksichtigt, spielt Butter im Zusammenhang mit einem erhöhten Cholesterinspiegel sicherlich keine Rolle.

Das Butterschmalz

Butterschmalz eignet sich bestens zum Braten und Backen, da es einen sehr hohen Rauchpunkt (über 200 Grad) hat. Butterschmalz entsteht, indem der Butter Wasser und Eiweiß entzogen werden.

Generell gemieden werden sollten alle extrahierten und raffinierten Öle, gehärtete Fette, Diät- und »Light«fette.

Empfohlen werden: qualitativ hochwertige Fette. Täglich nicht mehr als 70—80 g Fett pro Person. Zu berücksichtigen sind dabei die versteckten Fette z. B. in Nüssen und Milchprodukten.

Als Streichfett und zum Backen:
Butter,
ungehärtete Margarine.

Zur Kaltanwendung (Salate und Müsli):
Öle aus der ersten Pressung, unraffiniert.

Zum Braten und Einfetten:
Olivenöl,
Butterschmalz,
ungehärtetes Kokosfett.

Nahrungsmittelqualität

Die Nahrungsmittel, welche wir zu uns nehmen, sollen uns mit den essentiellen Inhaltsstoffen, Vitaminen, Mineralien, Aminosäuren (Eiweißbausteine), der mehrfach ungesättigten Linolsäure und Ballaststoffen versorgen. Als essentielle Inhaltsstoffe werden all jene Stoffe bezeichnet, die unser Körper nicht selbst herstellen kann. Ob wir uns wohl und gesund fühlen, hängt in erster Linie davon ab, daß wir unserem Körper mit der Ernährung diese Stoffe zuführen. Mit unserer Ernährung nehmen wir aber nicht nur Nähr-, sondern auch Schadstoffe auf.

Diese Schadstoffe befinden sich durch Abgase, Rauch und Staub in der Luft und gelangen u. a. durch Niederschlag auf die Erde. Unsere Flüsse und das Grundwasser sind durch Haushalte, Landwirtschaft, Industrie und Mülldeponien ebenfalls belastet.

Bei der industriellen Weiterverarbeitung von Nahrungsmitteln werden weitere gesundheitsschädigende Stoffe zugesetzt. Zum Beispiel Konservierungs-, Farb- und Aromastoffe, Geschmacksverstärker und Emulgatoren. Hinzu kommen Nahrungsmittel, die technologisch stark behandelt sind, wie bei Food Design, durch Genmanipulation und Bestrahlung.

Wen wundert es da noch, daß stoffwechselbedingte Erkrankungen wie z. B. Allergien und Hauterkrankungen rasch zunehmen und auch immer mehr Kinder und Jugendliche darunter leiden.

An dieser Stelle sei gesagt: Da hilft kein Lamentieren! Jeder einzelne von uns ist gefordert. Wir als Verbraucher bestimmen, was und wie in Zukunft angebaut wird. Auch wie viele Tiere gezüchtet und wie sie gehalten werden. Wir wissen heute alle, daß zu hoher Konsum an tierischem Eiweiß uns mehr schadet als nutzt. Mit einem hohen Verbrauch an tierischen Nahrungsmitteln begehen wir einen »Selbstmord« auf Raten.

Ich möchte betonen, daß ich nicht grundsätzlich gegen den Verzehr von tierischem Eiweiß bin. Mir geht es vor allem darum, daß der Fleisch-, Wurst- und Eierkonsum reduziert wird. Der Vergleich mit den Fetten drängt sich auf. Die Qualität und die Menge sind entscheidend.

Angesichts dieser Nahrungsmittel- und Umweltbelastung bleibt Ihnen als Verbraucher nur eine Möglichkeit, nämlich pflanzliche wie tierische Nahrungsmittel aus der anerkannt ökologischen Landwirtschaft zu verwenden.

Der *Arbeitsgemeinschaft Ökologischer Landbau* sind folgende Mitgliedsverbände angeschlossen:

Schutzzeichen der Mitgliedsverbände	Gründungs- jahr	Anbaufläche in Hektar (Stand: 1. 1. 94)	Anzahl der Betriebe (Stand: 1. 1. 94)	Adresse
demeter	1924	34.745	1.123	Forschungsring für Biologisch-Dynamische Wirtschaftsweise e.V. Baumschulenweg 11 64295 Darmstadt Telefon: 06155/2674 Telefax: 06155/5774
Bioland	1971	76.522	2.548	Bioland-Verband für organisch-biologischen Landbau e.V. Babarossastraße 14 73066 Uhingen Telefon: 07161/31012 Telefax: 07161/37819
BIO KREIS e.V.	1979	2.260	148	Biokreis Ostbayern e.V. Theresienstr. 36 94032 Passau Telefon: 0851/31696 Telefax: 0851/32332

Schutzzeichen der Mitgliedsverbände	Gründungs-jahr	Anbaufläche in Hektar (Stand: 1. 1. 94)	Anzahl der Betriebe (Stand: 1. 1. 94)	Adresse
Naturland	1982	25.116	647	Naturland-Verband für naturgemäßen Landbau e.V. Kleinhaderner Weg 1 82166 Gräfelfing Telefon: 089/8545071 Telefax: 089/855974
ANOG	1962	3.266	90	ANOG — AG für natur-nahen Obst-, Gemüse-und Feldfruchtanbau e.V. Josef-Schell-Str. 17 53121 Bonn Telefon: 0228/627591 Telefax: 0228/616170
ECO VIN	1985	975	234	Bundesverband Ökologischer Weinbau e.V. (BÖW) Obergasse 9 67308 Ottersheim Telefon: 06355/1285 Telefax: 06355/1529
Gäa	1989	17.887	134	Gäa e.V.-Vereinigung ökologischer Landbau Plauenscher Ring 40 01187 Dresden Telefon und Telefax: 0351/4012389
ÖKOSIEGEL	1988	958	17	Ökosiegel e.V. Fischerweg 8 31787 Hameln Telefon und Telefax: 05151/959699

Ein Wort noch zu den Kosten.

Immer wieder heißt es, diese Ernährungsweise sei zu teuer. Hierfür gibt es verschiedene Gründe. Im Gegensatz zum konventionellen Landbau werden beim ökologischen keine chemischen Schädlingsbekämpfungsmittel eingesetzt. Das bedeutet einen höheren Arbeitsaufwand. Ein anderer Grund ist, daß die anerkannt ökologische Landwirtschaft nicht subventioniert wird. Berücksichtigen Sie jedoch, daß Ausgaben für Süßigkeiten, pikante Knabbereien, Bohnenkaffee, Schwarztee, Alkohol, Limonadengetränke, Fleisch, Wurst u. a. fast oder vollkommen entfallen, ist diese Ernährungsweise nicht teurer als Ihre bisherige.

Sprossen und Keime

Gerade im Winterhalbjahr, wenn Vitamine, Mineralien und Ballaststoffe aus Obst und Gemüse jahreszeitlich bedingt nicht so zahlreich zur Verfügung stehen, sind Keime und Sprossen ein Segen. Das sollte jedoch keine Aufmunterung sein, nur im Winterhalbjahr zu keimen. Keimen können und sollen Sie, vor allem in bezug auf die getrockneten Hülsenfrüchte, das ganze Jahr über.

Was geschieht beim Keimen mit den Nahrungsmitteln?

Durch das Keimen erhöht sich der Vitamin- und Ballaststoffgehalt. Damit sind die Mineralien für unseren Organismus besser verfügbar. Ein weiterer erfreulicher Aspekt besteht darin, daß durch das Keimen die Mineralsalze in eine andere molekulare Form versetzt werden und deshalb alle Keimlinge und Sprossen als neutral einzuordnen sind. Dies ist besonders erfreulich hinsichtlich der *getrockneten* Hülsenfrüchte. Durch das Keimen verändert sich vor allem das Verhältnis der Kohlenhydrate so günstig, daß Blähungen nicht mehr auftreten. Damit steht dem Trennköstler dieses an pflanzlichem Eiweiß so reichhaltige Nahrungsmittel zur Verfügung.

Was darf man zum Keimen verwenden und was nicht?

Zum Keimen können Sie alle eßbaren Samen verwenden, nur nicht Kartoffeln und Tomaten. Hier handelt es sich um Nachtschattengewächse, die solaninhaltig sind und von daher für den menschlichen Organismus gesundheitsschädlich. Für die Aussaat im Garten gedachtes Saatgut darf nicht verwendet werden, da dieses gegen Schädlingsbefall behandelt wurde und damit uns Menschen schadet.

Im Handel gibt es eigens für das Keimen ausgewiesene Samen. Sie dürfen auch alle Getreidearten, Hülsenfrüchte und Sonnenblumenkerne verwenden. Achten Sie nur darauf, daß die Samen nicht beschädigt oder zerbrochen sind; deshalb ist es unbedingt erforderlich, das Saatgut vorher zu verlesen.

Worin Keimen?

Im Handel werden speziell für das Keimen Saatboxen angeboten. Sie haben den Vorteil, stapelbar zu sein und gleichzeitig mehrere Saaten auf einmal aufnehmen zu können. Auch spezielle Keimgläser mit einer Abgießvorrichtung werden angeboten, die sehr einfach zu handhaben sind. Sie können aber auch ganz einfach im Einmachglas keimen. Vom Ziehen von Sprossen und Keimen auf Watte, Styropor und Vlies rate ich Ihnen ab, da sich bei dieser Art des Keimens die unerwünschten Mikroorganismen (Bakterien) zu schnell vermehren.

Anleitung zum Keimen:

1. Zerbrochene und fremde Samen entfernen.
2. In einem Sieb die Samen gründlich waschen,
3. Das Keimgefäß bis höchstens zu einem Drittel mit Saatgut füllen. Die dreifache Menge kaltes Wasser dazugeben. Beim Einmachglas die Öffnung mit einer Gaze abdecken und mit einem Gummiring befestigen.
4. Den Samen 4–12 Stunden quellen lassen (siehe Tabelle Seite 56).
5. Nach entsprechender Einweichzeit die Samen mit kaltem Wasser gründlich spülen und in einem Sieb abtropfen lassen. Die abgetropften Samen ohne Wasserzugabe in das Einmachglas zurückgeben und bei Zimmertemperatur (ca. 20 Grad)

weiter wachsen lassen. Nicht auf die Heizung stellen oder direkter Sonnenbestrahlung aussetzen!

6. Diesen Spülvorgang dreimal täglich wiederholen.

7. Sobald die Keimlinge die gewünschte Größe erreicht haben — je nach Art innerhalb von 2—8 Tagen —, rasch verbrauchen. Sollten Sie einmal nicht alle Keimlinge verwenden können, können Sie diese auch 1—2 Tage noch im Kühlschrank abgedeckt aufbewahren. Beachten Sie, daß der Spülvorgang unbedingt dreimal täglich erfolgen muß.

Eine andere Möglichkeit besteht darin, die Sprossen (Hülsenfruchtkeimlinge zuvor blanchiert) einzufrieren.

Bei allen mit einem * gekennzeichneten Samen handelt es sich um Hülsenfrüchte. Die Hülsenfruchtsprossen müssen vor dem Verzehr blanchiert werden.

Blanchieren: Keimlinge in einem Sieb ca. 4—5 Minuten in kochendes Wasser halten. Herausnehmen und mit kaltem Wasser abschrecken. Jetzt sind diese Sprossen zum Verzehr geeignet.

Zu welchen Gerichten passen Keimlinge?

Keimlinge und Sprossen können roh, gedünstet oder gebacken verwendet werden.

Keimlinge roh: zu Müsli, Salaten, Quarkspeisen und als Brotbelag.

Keimlinge gedünstet: in Suppen, im Eintopf, zu Gemüse.

Keimlinge gebacken: in Brot, Brötchen oder Aufläufen

So funktioniert das Keimen

Samen	Einweichzeit in Stunden	Erntezeit in Tagen
Alfalfa (Luzerne)	4—6	5—6
Azukibohnen*	12	3—5
Erbsen*	12	4—5
Kichererbsen*	12	3—5
Kresse	—	7—8
Linsen*	12	2—5
Mungobohnen*	12	2—5
Nacktgerste	12	2—3
Nackthafer	4	2—3
Reis	12	2—3
Rettich	6	3—4
Roggen	12	2—3
Senf	4—6	2—3
Sonnenblumenkerne	12	3—4
Weizen	12	2—3

Gedanken zur Ernährungs- umstellung

Wie zuvor gesagt: Die Ernährungsumstellung bedeutet zunächst mehr Arbeit. Ich höre immer wieder: »Gerne würde ich meine Eßgewohnheiten umstellen, aber jetzt habe ich keine Zeit. Später vielleicht einmal.«

Ja wann später?

Wir leben jetzt, hier und heute. Ob es ein »Später« für uns geben wird — wir wissen es nicht.

Die Zeit scheint für viele ein Problem zu sein. Was ist Zeit?

Zeit ist das, was am gerechtesten in diesem unserem Dasein verteilt ist. Ich selbst muß mich mitunter daran erinnern, daß uns *allen* täglich 24 Stunden Zeit zur Verfügung stehen. Wir haben heute mehr Freizeit denn je. Das führt gelegentlich zum »Freizeitstreß«. Aber was fangen wir mit unserer Freizeit an, genießen wir sie wirklich?

Wieviel Zeit verbringen wir mit Langeweile, Unwohl- oder Kranksein?

Ist es da nicht sinnvoller, eine Weile Zeit in die eigene Ernährungsumstellung und damit in das eigene Wohlergehen zu investieren? Etwa nach vier bis sechs Wochen ist Ihnen das veränderte Eßverhalten zur Gewohnheit geworden. Die dann zurückerhaltene Mehrzeit steht Ihnen wieder für andere Dinge zur Verfügung. Da wir eine Leistungsgesellschaft sind, werden einige fragen: »Was habe ich davon?«

Mehr Freude am Leben!

Wenn Sie Ihren Körper mit allen essentiellen Inhaltsstoffen versorgen, dann ist Ihr Organismus entgiftet und damit entsäuert. Sie fühlen sich körperlich, seelisch und geistig frisch und wohl und können Ihr Leben mit Freude genießen.

Tips zur Ernährungs-
umstellung

Geht es Ihnen auch so? Der Tag bzw. die Woche liegt vor Ihnen und Sie haben alles gut geplant. Es verspricht ein guter Tag bzw. eine gute Woche zu werden. Plötzlich sehen Sie sich mit Ereignissen konfrontiert, die Sie in Ihrer Planung nicht berücksichtigt haben, eventuell auch nicht berücksichtigen konnten. Schon steht Ihre schöne Planung auf dem Kopf. Sie stellen sich vielleicht die Frage, warum immer bei mir, warum ich?
Beruhigen Sie sich, das passiert anderen auch.
Eine der Besonderheiten in unserem Leben scheint jene zu sein, daß immer wieder etwas Unvorhersehbares geschieht. Vielleicht ist es genau das, was das »Leben« ausmacht.
Die Frage ist nur, wie gehe ich damit um?
Bleiben Sie positiv. Freuen Sie sich, zu leben!
Mit etwas Vorsorge und Organisation fällt es Ihnen leichter.

Hier meine Tips:

- Für das Trennkostmüsli schon abends die Küchenmaschine mit der groben Reibe vorbereiten. Morgens z. B. den Apfel grob reiben. Küchenmaschine, da nur Obst drin war, mit lauwarmem Wasser ausspülen und auf den Ablauf der Spüle stellen.
- Es besteht auch die Möglichkeit *vormittags nur Obst* aus der Eiweißliste zu essen.
  Wird mittags eine Kohlenhydratmahlzeit eingenommen, sollte drei Stunden zuvor zum letztenmal Obst gegessen werden. Ist

eine Eiweißmahlzeit angesagt, spielt der zeitliche Abstand keine Rolle.

- Mittags die Küchenmaschine zusammensetzen und Gemüse, z. B. für die Frischkost oder für das warme Gericht reiben, ebenfalls nur mit lauwarmem Wasser abspülen und abtropfen lassen.

- Gehen Sie nie aus dem Haus, ohne daß Ihr Gemüse gewaschen und geschleudert im Kühlschrank steht.

- Bereiten Sie die neutrale Salatsauce vor (siehe Frischkost, Seite 143), diese ist im Kühlschrank eine Woche haltbar.
  Kommen Sie dann hungrig nach Hause, haben Sie mit wenigen Handgriffen Ihre Frischkost zubereitet.
  Das erspart Ihnen das unkontrollierte »Futtern« vor dem eigentlichen Essen.

- Salat/Gemüse zerkleinern, pro Portion 2 EL Salatsauce darüber verteilen, mischen — fertig!

- Jede Mahlzeit in doppelter Menge zubereiten und eine Hälfte sofort einfrieren.
  So verfügen Sie in Kürze über einen Vorrat an »Fertiggerichten«.

- Beim zeitaufwendigen Einweichen und Kochen von Getreidesorten, z. B. Weizen, Reis u. a. die zwei- bis vierfache Menge zubereiten. Die Portionen einzeln einfrieren.

- Einen Vorrat an größeren tiefgefrorenen Gemüsepackungen halten.

- Vollkornbrot in Scheiben schneiden und diese einzeln einfrieren, später zusammen in einen Behälter geben.

- Vollkornbrötchen einzeln einfrieren.

- Käsescheiben einzeln einfrieren.
  Wenn Brötchen, Brot- und Käsescheiben einzeln eingefroren werden, sind sie mit Hilfe eines Messers später leicht einzeln zu entnehmen.

Empfehlungen zur Trennkost

- **70 % der täglichen Ernährung sollte aus Obst, Gemüse und Salat bestehen, die Hälfte in roher Form.**

Alle Obst-, Gemüse- und Salatsorten sind sehr reich an Vitaminen, Mineralien und Ballaststoffen. Sie haben einen hohen Sättigungswert bei geringer Kalorienzahl und sind nach der Verdauung basenbildend. Dies führt dazu, daß Sie eher satt sind und Ihren Organismus nicht unnötig belasten.

- **Trennen der konzentrierten Kohlenhydrate von den konzentrierten Eiweißen innerhalb einer Mahlzeit.**

Durch den getrennten Verzehr der konzentrierten Kohlenhydrate und der konzentrierten Eiweiße wird eine bessere Verdauung der Nährstoffe erreicht. Ihre Verdauungsorgane werden weniger belastet. Sie fühlen sich fit und damit leistungsfähig, Übergewicht wird abgebaut.

- **Essenspausen von 3–4 Stunden einhalten.**

Damit Ihr Stoffwechselsystem die wichtige Verdauungsarbeit optimal ausführen kann, ist es erforderlich, Essenspausen von 3 bis 4 Stunden einzuhalten.

Dies ist besonders dann wichtig, wenn Sie von einer konzentriert eiweißhaltigen auf eine konzentriert kohlenhydrathaltige Mahlzeit wechseln.

- **Insgesamt mäßig essen.**

Dieser Begriff wird von jedem von uns sehr unterschiedlich bewertet. Für mich bedeutet dies, daß ich vor jedem Mittag- und Abendessen einen Salat esse.

Da ich bei Einladungen nie weiß, was es zu essen gibt, esse ich zuvor zu Hause einen Salat, und falls die Zeit nicht mehr ausreicht, rohes Gemüse.

Portionsgrößen:

Salat	=	Suppentellergröße
Fleisch	=	100 g
Fisch	=	150 g
Kartoffeln	=	150 g
Nudeln	=	50 g
Reis	=	50 g
Getreide	=	50 g
Gemüse	=	250–450 g

- **Sich Zeit nehmen. Jeden Bissen 20–30mal kauen.**

»Gut gekaut ist halb verdaut.« Ein Sprichwort, das uns allen bekannt ist.

Damit unserem Organismus die mit der Nahrung aufgenommenen Inhaltsstoffe, wie z. B. Vitamine und Mineralien, zur Verfügung gestellt werden können, muß die Nahrung verdaut werden. Menschen mit Gewichtsproblemen neigen eher zu weichen Speisen, die nicht gekaut werden müssen. Hingegen bevorzugen Schlanke überwiegend Nahrungsmittel, die »hart« sind, die eben gekaut werden müssen.

Lernen Sie das Kauen wieder!

Je länger und intensiver Sie kauen, um so länger hält Ihr Sättigungsgefühl an. Dies allein dürfte schon Grund genug sein, wieder mit dem Kauen zu beginnen.

Ein weiterer Grund: erst ca. 20 Minuten nach Beginn der Nahrungsaufnahme stellt sich das Sättigungsgefühl ein. Wird nicht intensiv gekaut, dann wird mengenmäßig häufig viel zuviel gegessen. Unsere Verdauungsorgane sind überfordert, es kommt zur Übersäuerung.

• Vollwertig essen.

Das bedeutet: Verzehr von Vollkornprodukten, Vollkorngetreide und allen daraus hergestellten Nahrungsmitteln. Alle angesäuerten Milchprodukte und Käse, Obst, Gemüse und Salat, die Hälfte hiervon in roher Form.

• Fettarm essen: 70–80 g pro Tag und Person.

Hierzu zählen auch die versteckten Fette, wie sie in Nüssen, Saaten und Käse vorhanden sind. Darauf achten, generell qualitativ hochwertige Fette zu verwenden.

• 2–3 l Flüssigkeit am Tag zu sich nehmen.

Am besten in Form von Mineralwasser, Kräuter- oder Früchtetee ohne Schwarzteezusatz. Die Ausscheidungsphase ist von ca. 5 Uhr morgens bis gegen Mittag. Damit jene Schlackenstoffe, die sich über Nacht angesammelt haben, schnellstens Ihren Körper wieder verlassen, ist es sinnvoll, morgens nach dem Aufstehen zuerst eine größere Menge Flüssigkeit zu sich zu nehmen. Damit Sie sich körperlich, seelisch und geistig fit fühlen, ist es wichtig, genügend zu trinken. Über den Tag verteilt sollten es 2–3 l Flüssigkeit sein.

• Bohnenkaffee und Schwarzteegenuß drastisch einschränken.

Da es sich bei Bohnenkaffee und Schwarztee um reine Säurebildner handelt, ist es ratsam, ganz darauf zu verzichten. Fällt Ihnen das schwer, sollten Sie in jedem Fall den Genuß schrittweise einschränken.

- **Nicht zum Essen trinken.**

Zwanzig Minuten vor und nach dem Essen sollten Sie möglichst nichts trinken. Es stört die Verdauungssäfte, wenn Sie zum Essen trinken. Am deutlichsten wird dies am Beispiel der Salzsäure des Magensafts. Die Salzsäure hat die Aufgabe, Eiweiß zu denaturieren, also zu zerlegen, damit anschließend das Enzym Pepsin die Vorverdauung durchführen kann. Trinken Sie unmittelbar vor dem Essen oder zum Essen, wird die Salzsäure verdünnt. Der Denaturierungsprozeß vollzieht sich nur sehr langsam, und damit kann das Enzym Pepsin die Vorverdauung des Eiweißes nur unvollständig erfüllen. Es kommt zur verzögerten Verdauung.

- **Vor jedem Mittag- und Abendessen eine Frischkost zu sich nehmen.**

Sie sollten vor jedem Mittag- und Abendessen eine Frischkost zu sich nehmen, das heißt einen Salat. Ihre Ernährung sollte täglich zu 70 % aus Basenbildnern bestehen, das sind Obst, Gemüse und Salat. Die Hälfte hiervon sollte in roher Form gegessen werden. Ohne diese Frischkost mittags und abends kämen Sie niemals auf die 70 % Basenbildner. Die Frischkost vor den Mahlzeiten regt durch Geruchs- und Geschmacksreize die Produktion von Verdauungssäften an. Sie bereitet Ihren Stoffwechsel auf seine Verdauungsarbeit vor. Durch den vorherigen Verzehr der Frischkost tritt das Sättigungsgefühl früher ein, was einer Überernährung vorbeugt.

- **Keine Mahlzeit ausfallen lassen.**

Damit sind die 3 Hauptmahlzeiten gemeint.

Menschen mit Gewichtsproblemen essen oft nicht mehr als andere, sie essen jedoch meist zur falschen Zeit, in der falschen Zusammensetzung und überwiegend Minderkost. Am Morgen wird schon nicht gefrühstückt. Mittags wird noch wenig gegessen. Spätestens am Nachmittag wird dann alles nachgeholt. Egal, was Küchen- oder Kühlschrank bzw. Vorratskammer zu bieten haben

— es wird wahllos hineingestopft. Zu dem Gefühl, mal wieder zuviel und zu chaotisch gegessen zu haben, gesellt sich noch jenes der Niederlage und das schlechte Gewissen.

Was ist los mit diesen Menschen? Warum können die einen sich beherrschen und andere nicht?

Solchen Menschen sind die Stoffwechselvorgänge in unserem Körper nicht bewußt. Durch das Aushungern gerät der Blutzuckerspiegel in die Unterzuckerung. Das wird zunächst erfolgreich ignoriert, bis zum Äußersten: dann ist es gleichgültig, was einem zwischen die Finger kommt, Hauptsache eßbar. Um dieses chaotische Eßverhalten zu ändern, brauchen Sie nur regelmäßig dafür zu sorgen, daß es erst gar nicht zu diesen dramatischen Situationen kommt.

Beginnen Sie Ihren Tag mit einem Frühstück, setzen Sie ihn mit dem Mittagessen fort und beenden Sie ihn mit dem Abendessen, möglichst nicht zu spät.

- **Als Zwischenmahlzeit ist frisches rohes Gemüse erlaubt.**
Gerade am Anfang der Ernährungsumstellung kann es sein, daß Sie durch Ihr bisheriges Eßverhalten öfter zwischen den drei Hauptmahlzeiten ein Hungergefühl verspüren. Sie dürfen dann jederzeit frisches rohes Gemüse essen. Achten Sie darauf, auch hier eine Essenspause von mindestens 2 Stunden einzuhalten.

Trennkost-
Nahrungsmittelliste

nach Dr. Hay

Zur Eiweißgruppe gehörende Nahrungsmittel

Eier, Milch, Käse bis 55 % Fett i. Tr.

Sojaprodukte, wie z. B. Tofu

Ananas, Äpfel, Apfelsinen, Aprikosen, Birnen, Brombeeren, Clementinen, Erdbeeren, Grapefruits, Guave, Himbeeren, Holunderbeeren, Honigmelone, Johannisbeeren, Kaki, Kapstachelbeeren, Karambole, Kirschen, Kiwi, Kumquat, Limette, Litschi, Mandarinen, Mango, Maracuja, Mirabellen, Nektarinen, Netzmelonen, Orangen, Papaya, Pampelmuse, Pfirsiche, Pflaumen/Zwetschgen, Quitten, Reineclauden, Stachelbeeren, Wassermelonen, Weintrauben, Zitronen

Balsamico-, Obst- und Kräuteressig

trockene Sekt-, Weißwein- und Rotweinsorten

Zur Kohlenhydratgruppe gehörende Nahrungsmittel

Amaranth, Buchweizen, Dinkel, Gerste, Grünkern, Hafer, Hirse, Mais, Quinoa, Reis, Roggen

Vollkornnudeln ohne Ei, Vollkornmehl, Vollkornbrot

Bananen, Feigen, Kaktusfeigen, Datteln, Trockenobst

Kartoffeln, Batate, Topinambur

Honig, Apfel- und Birnendicksaft

Kürbis- und Sonnenblumenkerne, Sesamsaat

Carob

Bier

Zur Eiweiß- oder Kohlenhydratgruppe kombinierbare Nahrungsmittel

Öle aus erster Pressung und unraffiniert
ungehärtetes Kokosfett, ungehärtete Margarine, Butter
Sahne süß und sauer, Crème fraîche, Dickmilch, Buttermilch, Kefir, Joghurt
alle Weißkäsesorten sowie alle Käsesorten ab 60 % F.i.Tr.: Hütten- und Schafskäse, Quark, Mozzarella, Doppelrahmfrischkäse, alle italienischen, französischen und deutschen Frischkäsesorten, Mascarpone, Hand- und Kochkäse
Cashewnüsse, Haselnüsse, Kokosnüsse, Macadamianüsse, Mandeln, Maronen, Pekannüsse, Pistazien, Walnüsse
alle Salatarten: Batavia, Chinakohl, Chicorée, Eichblatt, Eisbergsalat, Endivien, Feldsalat, Friséesalat, Kopfsalat, Lollo-Rosso, Löwenzahn, Portulak, Radicchio, Rauke (Rucola), römischer Salat (Roma), Tomaten, Salatgurke, Radieschen, Rettich, Frühlingszwiebeln
alle Gemüsearten: Artischocken, Auberginen, Avocado, grüne Bohnen, Blumenkohl, Brokkoli, Chicorée, Erbsen, Fenchel, Gemüsezwiebeln, Gurken, Kohlrabi, Kürbis, Lauch, Mais, Mangold, Möhren, Paprikaschoten, Pastinaken, Peperoni, Rosenkohl, Rotkohl, Rote Bete, Sellerie, Spargel, Spinat, Spitzkohl, Staudensellerie, Steckrüben, Teltower Rüben, Weißkohl, Wirsing, Zucchini, Zuckerschoten, Zwiebeln, Knoblauch
alle Pilzarten, wie z.B.: Austern-, Birken-, Butterpilze, Champignons, Hallimasch, Maronenpilze, Morcheln, Pfifferlinge, Steinpilze, Trüffel, Shiitake
alle Kräuter, wie z.B.: Basilikum, Beifuß, Bohnenkraut, Borretsch, Dill, Estragon, Kerbel, Kresse, Liebstöckel, Majoran, Minze, Oregano, Petersilie, Pimpinelle, Rosmarin, Sauerampfer, Schnittlauch, Thymian, Zitronenmelisse
folgende Gewürze: Muskat, Curry, Paprika, Safran, Kümmel, Nelken, Wacholder, Koriander, Cayennepfeffer, Kurkuma, Lor-

beeren, Vollmeersalz, Kräutersalz, Pflanzenwürze flüssig, granulierte Gemüsebrühe, Gemüsebrühwürfel
Zimt, Vanille, Mohn, Sesam, alle Keimlinge
Agar-Agar, Biobin (Johannisbrotkernmehl), Kuzu (pflanzliches Bindemittel)
Brottrunk, Molkosan, Molke-Kwass
Eigelb
Heidelbeeren
alle Kräuter- und Früchteteesorten
Mineral- und Heilwasser

Folgende Nahrungsmittel sollten gemieden werden:
Auszugsmehlprodukte wie Brot, Kuchen, Nudeln, polierter Reis, isolierter Zucker und alle Zuckerprodukte wie z. B.: Marmelade, Gelees, Schokolade, Bonbons
Süßstoff, Kakao
getrocknete Hülsenfrüchte, Erdnüsse
rohes Eiweiß von Eiern
Rhabarber
Senf, Fertigmayonnaise
Fertigsuppen und -saucen
alle Konserven und damit alles Eingemachte
Essigessenz
alle Mager- und Leichtprodukte
Schwarztee und Bohnenkaffee

Erklärungen zur Nahrungsmittelaufteilung

Zur Aufteilung der Nahrungsmittelliste ist zu sagen, daß nicht alle Nahrungsmittel, die der **Eiweiß- oder Kohlenhydratgruppe angehören,** auch eiweiß- bzw. kohlenhydrathaltig sind.

Dr. Hay nahm die Aufteilung der Nahrungsmittel u. a. nach dem Gesichtspunkt vor, ob diese zur Verdauung ein saures oder ein basisches Milieu benötigen. Nach seiner Ansicht benötigen die Nahrungsmittel der Eiweißgruppe ein saures und jene der Kohlenhydratgruppe ein basisches Milieu, unabhängig davon, ob sie eiweiß- oder kohlenhydrathaltig sind.

Die zur **Eiweiß- oder Kohlenhydratgruppe kombinierbaren Nahrungsmittel** können sowohl eiweiß- als auch kohlenhydrathaltig sein. Diese Nahrungsmittel können nach seiner Meinung in einem basischen wie auch in einem sauren Milieu verdaut werden. Mitunter findet sich auch die Formulierung »neutrale Nahrungsmittel«. Diese Bezeichnung hat nichts mit einem neutralen pH-Wert zu tun. Deshalb sollten diese kombinierbaren Nahrungsmittel auch nicht unbegrenzt verwendet werden. Vor allem bei fetthaltigen Nahrungsmitteln sind die Mengenangaben zu berücksichtigen.

Vierzehntägiger Ernährungsplan

Die Gerichte zum Einstieg in die Trennkost sind **für eine Person** berechnet. Bei genauer Einhaltung der Mengenangaben bleiben keine Reste übrig.

Es können sowohl frische als auch tiefgefrorene oder getrocknete **Kräuter** verwendet werden. Frische Kräuter sollten grundsätzlich gewaschen, geschleudert und dann erst kleingehackt werden. Falls Kräuter übrig sind, können Sie diese entweder tiefgefrieren oder zur Salatsauce geben.

Jahreszeitlich bedingt sind nicht immer alle angegebenen Obst-, Gemüse- oder Salatarten erhältlich.

Deshalb hier der Hinweis: **Alle Salat- und Gemüseearten dürfen untereinander ausgetauscht werden!**

Bitte beachten Sie die Gemüse- und Obst-Saison-Übersicht (siehe Seite 36).

Obst kann ebenfalls ausgetauscht werden. Hier ist jedoch zu beachten, daß nur jeweils innerhalb der Eiweiß- bzw. der Kohlenhydratgruppe ausgetauscht werden sollte:

z. B. Apfel gegen Birne = beide zur Eiweißgruppe gehörend.
    Banane gegen Feige = jeweils zur Kohlenhydratgruppe gehörend.

Zum Frühstück kann auch ausschließlich Obst aus der Eiweißgruppe gegessen werden. Falls mittags eine Kohlenhydratmahlzeit eingenommen wird, ist zu beachten, daß die Obstmahlzeit drei Stunden vor der Mittagsmahlzeit beendet sein sollte.

Da das Produkt »Goldleinsamen« über vermehrte Inhaltsstoffe verfügt, sollte möglichst dieses verwendet werden. Zum Müsli wird der *Leinsamen* ungeschrotet am Vorabend mit kaltem Wasser eingeweicht und abgedeckt in den Kühlschrank gestellt.

Hinweis für die Einkaufstabelle:

Doppelrahmfrischkäse sowie der *französische Kräuterfrischkäse* sind im Handel in 100-g-Packungen, jeweils unterteilt in 6 Einzelpackungen zu ca. 16,6 g, erhältlich.

Körniger Frischkäse ist im 200-g-Becher erhältlich.

1 Scheibe *Wörishofener Schnittkäse* wiegt ca. 25 g.

1 Becher *Vollmilchjoghurt* 150 ml (1 Portion).

Crème fraîche wird im Handel auch tiefgefroren als Flocken angeboten. Diese bieten den Vorteil, jederzeit verfügbar zu sein. Ansonsten einen kleinen Becher Crème fraîche (125 ml) kaufen und die Hälfte davon einfrieren.

Bei der Vorratsliste beachten Sie bitte, daß Sie

am 3. Tag 50 g Weizenkörner für das Müsli,

am 6. Tag 50 g Weizenvollkornmehl für den Pfannkuchen und

am 9. Tag 50 g Hafer bzw. Haferflocken für das Müsli benötigen.

Frühstück

Birnenmüsli

1 EL Leinsamen (ungeschrotet)	*1 TL Öl (aus erster Pressung,*
1 EL kaltes Wasser	*unraffiniert)*
1 Becher Vollmilchjoghurt	*1 Birne*

Den Leinsamen mit dem EL Wasser am Vorabend in einer Schale einweichen und über Nacht im Kühlschrank abgedeckt quellen lassen.

Am nächsten Morgen den Vollmilchjoghurt in die Müslischale geben, den TL Öl und den eingeweichten Leinsamen sowie die in Stücke geschnittene Birne dazugeben. Alles miteinander vermischen.

Mittagessen · *Eiweißmahlzeit*

Frischkost

¼ Becher Vollmilchjoghurt	*1 kleine Zucchini*
1 Prise Kräutersalz	*1 Möhre*
1 Spritzer flüssige Pflanzenwürze	*2 Mandeln*
1 TL Balsam-Essig	

Aus dem Vollmilchjoghurt, dem Kräutersalz, der flüssigen Pflanzenwürze und dem Balsam-Essig eine Salatsauce zubereiten.

Die Zucchini und die Möhre mit der Gemüsebürste unter fließendem Wasser kräftig abbürsten. Zucchini und Möhre auf der

Reibe, besser jedoch mit der Küchenmaschine, zerkleinern. Die Mandeln grob hacken. Das zerkleinerte Gemüse und die Mandeln zur Salatsauce geben und alles miteinander vermischen.

Gefüllte Zucchini

50 g Tofu
1 EL Sojasauce (Shoyu)
1 Zucchini
1 Möhre
1 kleine Zwiebel
1 Knoblauchzehe
2 EL Wasser

1 Scheibe Wörishofener Schnittkäse
(60 % Fett i. T.)
1 KL granulierte Gemüsebrühe
1 Msp Paprikapulver
1 Prise Kräutersalz
1 TL Crème fraîche

Die Tofuscheibe in kleine Würfel schneiden und mit dem EL Sojasauce beträufeln. Die Zucchini und die Möhre mit der Gemüsebürste unter fließendem Wasser abbürsten. Den Blütenstengel an der Zucchini entfernen. Die Zucchini in der Mitte längs teilen. Mit einem Kaffeelöffel das Fruchtfleisch in der Mitte entfernen und klein hacken. Die Möhre fein reiben. Die Zwiebel schälen und klein hacken. Die Knoblauchzehe schälen und mit der Presse zerkleinern. In einer beschichteten Pfanne die Zwiebelwürfel und die zerkleinerte Knoblauchzehe mit 1 EL Wasser glasig dünsten. Das kleingehackte Zucchinifleisch und die feingeriebene Möhre sowie die Tofuwürfel und die eventuell noch vorhandene Sojasauce dazugeben. Das Ganze bei mittlerer Hitze ca. 2 Minuten schmoren. Den Käse klein schneiden und ebenfalls in die Pfanne geben. Die granulierte Gemüsebrühe, das Paprikapulver, das Kräutersalz und die Crème fraîche zufügen und alles miteinander verrühren. Die Zucchinihälften mit der Masse füllen und mit 1 EL Wasser in die Pfanne setzen.
Abgedeckt bei mittlerer Hitze ca. 10 Minuten schmoren.

Nachspeise: Obst aus der Eiweißliste, z. B. 250 g Pflaumen

Frischkost

½ Becher Vollmilchjoghurt   *1 Spritzer flüssige Pflanzenwürze*
1 TL Brottrunk   *¼ Kopf Endiviensalat*
1 TL Kräutersalz   *½ Bund Radieschen*

Aus dem Vollmilchjoghurt, dem Brottrunk, Kräutersalz und der flüssigen Pflanzenwürze eine Salatsauce zubereiten. Den Salat waschen, schleudern und kleinrupfen. Mit der Gemüsebürste unter fließendem Wasser die Radieschen waschen, anschließend in Scheiben schneiden. Den vorbereiteten Endiviensalat und eine Hälfte der Radieschen zur Salatsauce geben und alles miteinander vermischen.

Die zweite Hälfte der Radieschenscheiben wird anschließend für den Brotbelag benötigt.

Radieschenbrote

2 Scheiben Vollkornbrot   *restliche Radieschen*
2 TL Butter

Die Brotscheiben mit der Butter bestreichen und mit den restlichen Radieschenscheiben belegen.

Frühstück

Pflaumenmüsli

1 EL Leinsamen, ungeschrotet
1 EL Wasser
1 Becher Vollmilchjoghurt

1 TL Öl (aus erster Pressung,
unraffiniert)
250 g Pflaumen

Am Vorabend den Leinsamen mit dem Wasser einweichen und abgedeckt im Kühlschrank quellen lassen.
Am nächsten Morgen den Vollmilchjoghurt mit dem Öl und dem Leinsamen verrühren. Die Pflaumen waschen, entsteinen, zerkleinern und unter das Müsli mischen.

Mittagessen · *Kohlenhydratmahlzeit*

Frischkost

1 TL Öl (aus erster Pressung,
unraffiniert)
1 EL Wasser
1 TL Brottrunk

1 TL Kräutersalz
1 Spritzer flüssige Pflanzenwürze
1/4 Endiviensalat
1/2 Bund Radieschen

Aus dem Öl, dem Brottrunk, dem Wasser, dem Kräutersalz und der flüssigen Pflanzenwürze eine Salatsauce zubereiten. Den gewaschenen, geschleuderten und klein gerupften Salat zur Salatsauce geben. Die unter fließendem Wasser abgebürsteten, geputzten Radieschen in Scheiben schneiden und ebenfalls zur Salatsauce geben. Alles miteinander vermischen.

Champignon-Nudeln

½ l Wasser
4—6 Tropfen natives Olivenöl
1 Prise Vollmeersalz
50 g Vollkorn-Bandnudeln
250 g Champignons
1 Zwiebel
1 Knoblauchzehe

1 KL granulierte Gemüsebrühe
1 TL Crème fraîche
1 EL Wasser
einige Stengel frisches Basilikum
1 Scheibe Wörishofener Schnittkäse
(60 % Fett i. T.)

Das Wasser mit Olivenöl und Salz zum Kochen bringen. Die Nudeln ca. 6—7 Minuten darin bißfest kochen. In ein Sieb schütten und *kurz* mit kaltem Wasser abspülen.

Die Champignons unter fließendem Wasser waschen und in Scheiben schneiden.

Die Zwiebel schälen und klein hacken. Die Knoblauchzehe schälen und mit der Presse zerkleinern. Zwiebel mit Knoblauchzehe und dem EL Wasser in einem Topf unter ständigem Rühren andünsten. Die vorbereiteten Champignonscheiben dazugeben. Die granulierte Gemüsebrühe sowie den TL Crème fraîche unterrühren und alles zusammen im abgedeckten Topf bei mittlerer Hitze ca. 4—5 Minuten dünsten. Die Herdplatte abstellen. Basilikum waschen, schleudern und die Hälfte davon klein hacken. Die andere Hälfte für abends aufbewahren. Das gehackte Basilikum sowie die kleingeschnittene Käsescheibe zu den Champignons geben. Alles abgedeckt nochmals 1—2 Minuten auf der abgeschalteten Herdplatte ziehen lassen. Dann die Champignons über die Bandnudeln verteilen.

Nachspeise: **Zimtjoghurt**
   1 Becher Vollmilchjoghurt mit
   1 TL Zimt verrühren.

Frischkost

1 kleine Knoblauchzehe	*1 Spritzer flüssige Pflanzenwürze*
1 TL natives Olivenöl	*¼ Endiviensalat*
1 EL Wasser	*1 Tomate*
1 TL Brottrunk	*einige Basilikumblätter*
1 TL Kräutersalz	

Die Knoblauchzehe schälen und in der Mitte teilen, damit die Salatschüssel ausreiben. Wer es intensiver liebt, kann die Knoblauchzehe auch mit der Presse zerkleinert in die Salatsauce geben. Aus Olivenöl, Wasser, Brottrunk, Kräutersalz und der Pflanzenwürze eine Salatsauce zubereiten.

Den gewaschenen, geschleuderten und zerkleinerten Salat in die Sauce geben. Die Tomate waschen und in Scheiben schneiden, dabei den grünen Stiel entfernen. Alles miteinander vermischen und mit frisch geschnittenem Basilikum bestreuen.

Tomaten-Mozzarella-Brote

2 Scheiben Vollkornbrot	*1 Mozzarellakugel (125 g)*
2 TL Butter	*Basilikumblätter vom Mittag*
2 Tomaten	

Die beiden Brotscheiben mit der Butter bestreichen. Die gewaschenen Tomaten in Scheiben schneiden und den grünen Stiel entfernen. Den Mozzarellakäse in Scheiben schneiden und mit den Tomatenscheiben abwechselnd die beiden Brotscheiben belegen. Mit den Basilikumblättern garnieren.

Frühstück

Feigenmüsli

50 g Weizen	*1 TL Öl (aus erster Pressung,*
2 EL Wasser	*unraffiniert)*
1 Becher Vollmilchjoghurt	*2 frische Feigen*
	5 Kürbiskerne

Den Weizen am Vorabend grob schroten. In einer Schale mit dem Wasser einweichen und über Nacht im Kühlschrank abgedeckt quellen lassen.

Am nächsten Morgen den Vollmilchjoghurt mit dem Öl und dem eingeweichten Weizen in einer Schale mischen. Frische Feigen vierteln, mit einem Löffel das Fruchtfleisch herausnehmen, zum Müsli geben und alles miteinander vermischen.

Das Müsli mit den Kürbiskernen bestreuen.

Mittagessen · *Eiweißmahlzeit*

Frischkost

½ Becher Vollmilchjoghurt	*1 Msp Naturvanille*
Balsam-Essig	*½ Salatgurke*
1 TL Kräutersalz	*½ Apfel*

Aus dem Vollmilchjoghurt, dem Balsam-Essig, dem Kräutersalz und der Prise Naturvanille eine Salatsauce zubereiten.

Die Salatgurke und den Apfel unter fließendem Wasser mit der Gemüsebürste säubern. Die Gurke und den Apfel in der Mitte teilen und mit der Reibe oder der Küchenmaschine grob zerkleinern. Mit der Salatsauce vermischen.

Kokos-Tofuscheibe mit Gemüse

1 Scheibe Tofu von 100 g
2 EL Sojasauce (Shoyu)
300 g grüne Bohnen (Prinzeßbohnen)
6—8 EL Wasser
1 Prise Vollmeersalz

etwas Bohnenkraut
1 Prise Knoblauchsalz
1 TL Butter
5 g Butterschmalz
2 EL Kokosraspeln

Die Tofuscheibe mit der Sojasauce beträufeln, ca. 20 Minuten ziehen lassen und des öfteren wenden.

Die Bohnen waschen und mit dem Wasser und einer Prise Salz zum Kochen bringen. Die Herdplatte auf $\frac{1}{2}$ Stufe zurückstellen und ca. 20—25 Minuten garen. Die Bohnen müssen gar sein! Die Herdplatte abstellen und die gegarten Bohnen mit dem zerkleinerten Bohnenkraut und der Prise Knoblauchsalz bestreuen. Die Butter zum Gemüse geben. Das Gemüse auf der abgestellten Herdplatte abgedeckt 2—3 Minuten ziehen lassen.

In einer beschichteten Pfanne das Butterschmalz auf halber Stufe erwärmen. Die Tofuscheibe aus der Sojasauce nehmen, abtropfen lassen, mit Kokosraspeln panieren und im erwärmten Fett von beiden Seiten ca. 4—5 Minuten braten.

Nachspeise: **Apfeljoghurt**
    1 Becher Vollmilchjoghurt mit
    $\frac{1}{2}$ Apfel, grob gerieben, verrühren.

Frischkost

½ Becher Vollmilchjoghurt	*1 Spritzer flüssige Pflanzenwürze*
1 TL Brottrunk	*¼ Endiviensalat*
1 TL Kräutersalz	*½ Salatgurke*

Aus Vollmilchjoghurt, Brottrunk, Kräutersalz und Pflanzenwürze eine Salatsauce zubereiten.

Den gewaschenen, geschleuderten und klein gerupften Endiviensalat zur Salatsauce geben. Die Salatgurke unter fließendem Wasser mit der Gemüsebürste säubern. ²⁄₃ der Salatgurke klein raffeln und zum Salat geben. Alles miteinander vermischen. Das letzte Drittel der Gurke wird für den Brotbelag benötigt.

Edelpilzkäse-Gurken-Brote

2 Scheiben Vollkornbrot	*30 g Edelpilzkäse mit Blauschimmel*
1 TL Butter	*(60 % Fett i. T.)*
Gurke in Scheiben	

Eine Scheibe Vollkornbrot mit Butter bestreichen. Diese Schnitte mit den Gurkenscheiben belegen.

Die zweite Brotscheibe — ohne Butter — mit dem Edelpilzkäse bestreichen.

Frühstück

Traubenmüsli mit Hüttenkäse

1 EL Leinsamen (ungeschrotet)
2 EL Wasser
½ Becher körniger Frischkäse

1 TL Öl (aus erster Pressung, unraffiniert)
200 g rote Weintrauben

Am Vorabend den ungeschroteten Leinsamen mit dem Wasser in einer Schale einweichen und abgedeckt im Kühlschrank über Nacht quellen lassen.
Den Frischkäse mit dem Öl, dem eingeweichten Leinsamen und den gewaschenen, abgetropften Weintrauben verrühren.

Mittagessen · *Kohlenhydratmahlzeit*

Frischkost

1 Scheibe Vollkornbrot
1 kleine Zwiebel
1 Knoblauchzehe
1 TL Öl (aus erster Pressung, unraffiniert)

1 EL Wasser
1 TL Brottrunk
1 TL Kräutersalz
100 g Feldsalat

Die Brotscheibe in kleine Würfel schneiden. Diese in einer beschichteten Pfanne rösten.
Die Zwiebel schälen und fein würfeln. Die Knoblauchzehe schälen und mit der Presse zerkleinern. Aus Öl, Wasser, Brottrunk Zwiebeln, Knoblauch und Kräutersalz eine Salatsauce herstellen.

Den Feldsalat waschen, schleudern und zur Salatsauce geben. Den Salat mischen und die gerösteten Brotwürfel darüber verteilen.

Pellkartoffeln mit Kräuterquark

150 g Kartoffeln (2 kleine)	200 g Magerquark
¼ l Wasser	½ Becher Vollmilchjoghurt
1 Prise Vollmeersalz	1 TL Crème fraîche
1 EL gehackte Kräuter	1 TL Kräutersalz

Die Kartoffeln unter fließendem Wasser mit der Gemüsebürste gründlich abschrubben. In dem ¼ l Wasser mit der Prise Salz gar kochen.

Die frischen Kräuter waschen, schleudern und klein hacken. Den Quark mit dem Vollmilchjoghurt und der Crème fraîche verquirlen. Die gehackten Kräuter und das Kräutersalz dazugeben und alles miteinander verrühren.

Nachspeise: **Vanillejoghurt**
   1 Becher Vollmilchjoghurt mit
   1 Msp Naturvanille verrühren.

Abendessen · *Kohlenhydratmahlzeit*

Frischkost

1 kleine Zwiebel	1 TL Kräutersalz
1 Knoblauchzehe	1 TL Brottrunk
1 TL natives Olivenöl	1 Spritzer flüssige Pflanzenwürze
1 EL Wasser	100 g Feldsalat

Die Zwiebel schälen und klein hacken. Die Knoblauchzehe schälen und in der Presse zerkleinern. Mit den Zwiebeln, dem Knoblauch, dem Olivenöl, dem Wasser, dem Kräutersalz, dem Brottrunk und der Pflanzenwürze eine Salatsauce zubereiten. Den Feldsalat waschen, schleudern und zur Salatsauce geben. Alles miteinander vermischen.

Frischkäsebrötchen

1 Vollkornbrötchen   *16 g französischer Kräuterfrischkäse*

Das Brötchen aufschneiden und beide Hälften mit dem Kräuterfrischkäse bestreichen.

5. TAG:

Frühstück

Brombeermüsli mit Quark

1 EL Leinsamen (ungeschrotet)   *1 TL Öl (aus erster Pressung,*
2 EL Wasser   *unraffiniert)*
100 g Magerquark   *200 g Brombeeren*

Am Vorabend den Leinsamen mit 1 EL Wasser in einer Schale einweichen und abgedeckt über Nacht im Kühlschrank quellen lassen.
Am nächsten Morgen den Quark mit 1 EL Wasser glattrühren. Den Leinsamen, das Öl sowie die gewaschenen und abgetropften Brombeeren dazugeben. Alles miteinander vermischen.

Frischkost

½ Becher Vollmilchjoghurt
1 TL Kräutersalz
1 Msp Naturvanille

1 Staude Chicorée
1 Mandarine

Aus Joghurt, Kräutersalz und Naturvanille eine Salatsauce zubereiten.
Die Chicoréeblätter einzeln lösen, waschen, schleudern und in Streifen schneiden. Die Mandarine schälen. Die Mandarinenschnitze mit den Chicoréestreifen und der Salatsauce vermischen.

Ratatouille

1 kleine Aubergine
1 Zucchini
1 gelbe Paprikaschote
1 Zwiebel
1 Knoblauchzehe

1 TL natives Olivenöl
1 EL Wasser
1 EL granulierte Gemüsebrühe
1 EL Kräuter der Provence
2 Tomaten

Aubergine und Zucchini unter fließendem Wasser mit der Gemüsebürste schrubben. Die Paprika waschen, aufschneiden und den Stengel sowie die Kerne entfernen. Aubergine, Zucchini und die Paprika grob zerkleinern.
Die Zwiebel und die Knoblauchzehe schälen. Die Zwiebel in feine Würfel schneiden. Die Knoblauchzehe mit der Presse zerkleinern. Das Olivenöl in einem Topf erwärmen. Zwiebel und Knoblauch darin andünsten. Das zerkleinerte Gemüse mit dem EL Wasser, der granulierten Gemüsebrühe und den Kräutern der Provence dazugeben. Bei mittlerer Hitze ca. 10—15 Minuten garen. In der Zwischenzeit die Tomate vierteln, dabei den grünen Stiel ent-

fernen. Die Tomatenwürfel nach der Garzeit zu dem Gemüse geben. Bei abgeschalteter Herdplatte ca. 5 Minuten ziehen lassen.

Nachspeise: Obst aus der Eiweißliste, z. B. ½ Honigmelone

Abendessen · *Kohlenhydratmahlzeit*

Frischkost

1 TL Öl (aus erster Pressung, unraffiniert)	*1 TL Kräutersalz*
	1 Spritzer flüssige Pflanzenwürze
1 EL Wasser	*¼ Eichblattsalat*
1 TL Brottrunk	*1 Möhre*

Mit Öl, Wasser, Brottrunk, Kräutersalz und der Pflanzenwürze eine Salatsauce zubereiten. Den Salat waschen, schleudern, zerrupfen und zur Salatsauce geben. Die Möhre mit der Gemüsebürste unter fließendem Wasser gründlich säubern und fein reiben. Alles miteinander vermischen.

Frischkäse-Walnuß-Brote

2 Scheiben Vollkornbrot	*4 Walnüsse*
16 g französischer Kräuterfrischkäse	

Die beiden Brotscheiben mit dem Kräuterfrischkäse bestreichen. Die Walnüsse grob hacken und über die Käsebrote streuen.

Frühstück

Melonenmüsli

1 EL Leinsamen (ungeschrotet)
1 EL kaltes Wasser
1 TL Öl (aus erster Pressung,
unraffiniert)

1 Becher Vollmilchjoghurt
½ Honigmelone

Am Vorabend den Leinsamen mit dem Wasser in einer Schale einweichen und abgedeckt über Nacht im Kühlschrank quellen lassen.
Am nächsten Morgen den Leinsamen mit dem TL Öl und dem Vollmilchjoghurt verrühren. Die Honigmelone in Stücke schneiden und darunterheben.

Mittagessen · *Kohlenhydratmahlzeit*

Frischkost

1 TL Öl (aus erster Pressung,
unraffiniert)
1 EL Wasser
1 TL Brottrunk
1 TL Kräutersalz
1 Spritzer flüssige Pflanzenwürze

1 Zwiebel
1 Knoblauchzehe
1 EL gehackte Kräuter
¼ Eichblattsalat
½ kleiner Radicchiosalat

Aus Öl, Wasser, Brottrunk, Kräutersalz und der Pflanzenwürze eine Salatsauce zubereiten. Die Zwiebel und die Knoblauchzehe schälen. Die Zwiebel fein hacken, die Knoblauchzehe mit der Presse zerkleinern. Die Kräuter waschen, schleudern und klein hacken. Diese zusammen mit den Zwiebelstückchen und der Knoblauchzehe zur Salatsauce geben. Den Salat waschen, schleudern, klein rupfen und alles miteinander vermischen.

Kräuterpfannkuchen

50 g Weizenvollkornmehl
75 ml Wasser
1 EL Crème fraîche
1 Prise Vollmeersalz

1 Eigelb
1 EL gehackte Kräuter
5 g Butterschmalz

Das Vollkornmehl mit dem Wasser, der Crème fraîche, dem Vollmeersalz und dem Eigelb in einer Schüssel mit dem Handrührgerät etwa 2 Minuten verquirlen. Anschließend den Teig ca. 25 Minuten ruhen lassen, damit das Vollkornmehl quellen kann.
Die frischen Kräuter waschen, schleudern und klein hacken. Nach der Ruhezeit unter den Pfannkuchenteig rühren. In einer beschichteten Pfanne das Butterschmalz erwärmen und mit einem Pinsel gleichmäßig verstreichen. Den Pfannkuchen von beiden Seiten ca. 3 Minuten goldbraun backen.

Nachspeise: **Bananen-Kokos-Quarkspeise**
        100 g Magerquark
        1 EL Wasser
        1 Banane
        1 TL Kokosraspeln

Den Quark und das Wasser miteinander verrühren. Die Banane in Scheiben schneiden und unter den Quark ziehen. Mit den Kokosraspeln bestreuen.

Frischkost

1 TL Öl (aus erster Pressung, unraffiniert)	*1 Spritzer flüssige Pflanzenwürze*
1 EL Wasser	*¼ Eichblattsalat*
1 TL Brottrunk	*1 rote Paprika*
1 Prise Kräutersalz	*½ Becher körniger Frischkäse*

Aus Öl, Wasser, Brottrunk, Kräutersalz und der Pflanzenwürze eine Salatsauce zubereiten.

Den Salat waschen, schleudern und klein rupfen. Die Paprika unter fließendem Wasser waschen und in Viertel schneiden. Den Blütenstengel und die Kerne im Inneren entfernen. Die Paprikaviertel in schmale Stückchen schneiden. Mit dem vorbereiteten Eichblattsalat zur Salatsauce geben und alles miteinander vermischen. Den körnigen Frischkäse mit einer Gabel über den Salat verteilen.

Schnittlauchbrote

4 Scheiben Vollkornknäckebrot	*2 EL Schnittlauchröllchen*
4 TL Butter	

Den Schnittlauch waschen, schleudern und in dünne Ringe schneiden.

Die vier Brotscheiben auf der Rückseite mit Butter bestreichen und mit den Schnittlauchröllchen bestreuen. Die Schnittlauchbrote zur Frischkost verzehren.

Frühstück

Frischkäsebrötchen mit Gurke

1 Roggenvollkornbrötchen　　　　*6 Gurkenscheiben*
16 g Doppelrahmfrischkäse

Das Brötchen aufschneiden und mit dem Frischkäse bestreichen. Eine Salatgurke unter fließendem Wasser mit der Gemüsebürste säubern. Von der Gurke 6 Scheiben abschneiden und auf den Brötchenhälften verteilen. (Die restliche Gurke für abends und den nächsten Tag aufbewahren).

Mittagessen · *Kohlenhydratmahlzeit*

Frischkost

1 EL Sonnenblumenkerne　　　　*1 Prise Kräutersalz*
1 TL Öl (aus erster Pressung,　　*1 Spritzer flüssige Pflanzenwürze*
unraffiniert)　　　　　　　　　*¼ Eichblattsalat*
1 EL Wasser　　　　　　　　　*½ Radicchio*
1 TL Brottrunk

Die Sonnenblumenkerne in einer beschichteten Pfanne bei mittlerer Hitze und gelegentlichem Rühren rösten.
Aus Öl, Wasser, Brottrunk, Kräutersalz sowie Pflanzenwürze eine Salatsauce zubereiten. Den Salat waschen, schleudern und klein rupfen, zur Salatsauce geben und alles miteinander vermischen. Mit den gerösteten Sonnenblumenkernen bestreuen.

Gefüllte Paprika

40 g Naturreis
1 KL granulierte Gemüsebrühe
80 ml Wasser
1 große rote Paprika
100 g Champignons
1 Zucchini
1 Zwiebel

1 Knoblauchzehe
30 g Edelpilzkäse mit Blauschimmel
(60 % Fett i. T.)
1 TL Paprikapulver
1 Prise Vollmeersalz
3 EL Wasser

Den Reis waschen und mit der Gemüsebrühe im Wasser zum Kochen bringen. Herdplatte auf halbe Leistung stellen und den Reis ca. 25 Minuten garen. Danach die Herdplatte abstellen und den Reis ca. 20—30 Minuten nachquellen lassen.
Die Paprika waschen. In der Mitte längs durchschneiden. Champignons und Zucchini waschen und klein schneiden. Die Zwiebel sowie die Knoblauchzehe schälen. Die Zwiebel in kleine Würfel schneiden und die Knoblauchzehe mit der Presse zerkleinern. In einem Topf Zwiebel und Knoblauch andünsten, die kleingeschnittenen Champignons und die Zucchini dazugeben und alles abgedeckt ca. 3 Minuten bei mittlerer Hitze dünsten. Den gegarten Reis sowie den Käse dazugeben und diesen abgedeckt ca. 2 Minuten schmelzen lassen. Mit Paprikapulver und der Prise Salz würzen, alles miteinander verrühren. Die beiden Paprikahälften mit der Gemüse-Reis-Käse-Mischung füllen, in eine beschichtete Pfanne setzen und 3 EL Wasser angießen. Abdecken und bei mittlerer Hitze ca. 10 Minuten gar dünsten.

Nachspeise: Obst aus der Kohlenhydratliste, z. B. 2 Feigen

Frischkost

½ Becher Vollmilchjoghurt   *1 TL Kräutersalz*
1 Msp Dill   *½ Salatgurke*

Den Joghurt mit dem Dill und dem Kräutersalz verrühren. Die
Hälfte der angeschnittenen Salatgurke (vom Frühstück) fein raf-
feln und zur Salatsauce geben. Alles miteinander vermischen.
(Den Rest der Salatgurke für den nächsten Tag aufbewahren.)

Käsebrote mit Zwiebel

2 Scheiben Vollkornbrot   *1 kleine Zwiebel*
½ Becher Kochkäse

Die beiden Brotscheiben mit dem Kochkäse bestreichen. Die
Zwiebel schälen, in dünne Ringe schneiden und die Käsebrote
damit belegen.

Frühstück

Stachelbeermüsli mit Hüttenkäse

1 TL Leinsamen (ungeschrotet)	*1 TL Öl (aus erster Pressung,*
1 EL kaltes Wasser	*unraffiniert)*
½ Becher Vollmilchjoghurt	*200 g Stachelbeeren*
½ Becher körniger Frischkäse	*1 EL Mandelblättchen*

Den Leinsamen am Vorabend mit dem Wasser in einer Schale einweichen und im Kühlschrank abgedeckt über Nacht quellen lassen.

Am nächsten Morgen den Joghurt mit Hüttenkäse, Öl sowie dem eingeweichten Leinsamen verrühren. Die gewaschenen, abgetropften Stachelbeeren zufügen und alles miteinander vermischen. Die Mandelblättchen darüberstreuen.

Mittagessen · *Eiweißmahlzeit*

Frischkost

1 TL Öl (aus erster Pressung,	*1 TL Kräutersalz*
unraffiniert)	*1 Spritzer flüssige Pflanzenwürze*
1 EL Wasser	*3 Tomaten*
1 EL gehackte Kräuter	
1 TL Balsam-Essig	

Aus Öl, Wasser, den gehackten Kräutern, Balsam-Essig und Kräutersalz sowie Pflanzenwürze eine Salatsauce zubereiten.

Die Tomaten waschen und in Scheiben schneiden, dabei den grünen Stiel entfernen. Die Tomatenscheiben mit der Salatsauce vermischen.

Brokkoli mit Käsekruste

400 g Brokkoli
3 EL Wasser
1 KL granulierte Gemüsebrühe
1 Eigelb

1 TL Crème fraîche
1 Bund Kerbel
1 Scheibe Wörishofener Schnittkäse
(60 % Fett i. T.)

Den Brokkoli putzen, waschen und die groben Stiele abschneiden. Diese schälen und in gleich große Stücke schneiden. Die Brokkoliköpfe in Röschen aufteilen.

Das Gemüse mit Wasser und Gemüsebrühe zum Kochen bringen und dann bei halber Stufe 3 Minuten vorgaren. Eine Auflaufform mit einem Fettpinsel ausstreichen und das angedünstete Gemüse hineingeben. Den Kerbel waschen, schleudern und klein hacken. Das Eigelb, die Crème fraîche sowie den klein gehackten Kerbel miteinander verrühren und über das Gemüse ziehen. Die Käsescheibe in schmale Streifen schneiden und auf der Oberfläche verteilen.

Bei 200 Grad im vorgeheizten Backofen ca. 10 Minuten überbacken.

Nachspeise: Obst aus der Eiweißliste, z. B. 1 Birne

Frischkost

1 TL Öl (aus erster Pressung,
unraffiniert)
1 EL Wasser
1 TL Kräutersalz

1 TL Brottrunk
1 Bund Basilikum
½ Salatgurke

Aus Öl, Wasser, Kräutersalz und Brottrunk eine Salatsauce zubereiten. Das Basilikum waschen, schleudern und die Blätter klein hacken. Die Gurke in Scheiben hobeln und die Hälfte des gehackten Basilikums zur Salatsauce geben. Alles miteinander vermischen.

Butterbrote mit gefüllten Tomaten

2 Tomaten
½ Becher körniger Frischkäse
1 TL Kräutersalz

Basilikum
2 Scheiben Vollkornbrot
2 TL Butter

Die Tomaten waschen. Im oberen Drittel einen »Deckel« abschneiden. Die Tomaten mit einem Löffel aushöhlen. Das Tomatenfleisch mit dem körnigen Frischkäse, dem Kräutersalz und dem restlichen gehackten Basilikum vermischen. Die Tomaten damit füllen und auf jede gefüllte Tomate den Deckel daraufsetzen.
Die beiden Brotscheiben mit der Butter bestreichen und die gefüllten Tomaten dazu verzehren.

Frühstück

Hafer-Dickmilch-Müsli

1 EL Leinsamen (ungeschrotet)
1 EL kaltes Wasser
50 g Hafer (oder 50 g Haferflocken)
150 ml Dickmilch

1 TL Öl (aus erster Pressung,
unraffiniert)
1 Banane

Den Leinsamen am Vorabend mit dem Wasser in einer Schale einweichen und über Nacht abgedeckt im Kühlschrank quellen lassen.
Am nächsten Morgen den Hafer mit einer Flockenpresse frisch pressen. Die Dickmilch, den TL Öl sowie den Leinsamen dazugeben. Die Banane in Scheiben schneiden und ebenfalls zufügen. Alles miteinander vermischen.

Mittagessen · *Kohlenhydratmahlzeit*

Frischkost

1 TL Öl (aus erster Pressung,
unraffiniert)
1 EL Wasser
1 TL Brottrunk
1 TL Kräutersalz

1 Spritzer flüssige Pflanzenwürze
1 EL frische Kresse
50 g Champignons (2 Stück)
½ Lollo-Rosso-Salat

Aus Öl, Wasser, Brottrunk, Kräutersalz und Pflanzenwürze eine Salatsauce herstellen. Die Kresse waschen, ausschütteln und mit

der Küchenschere klein schneiden. Die Champignons unter fließendem Wasser waschen und in Scheiben schneiden. Den Salat
waschen, schleudern, klein rupfen und mit Champignons und
Kresse zur Salatsauce geben. Alles miteinander vermischen.

Gemüsesuppe

¼ Sellerie	1 Zwiebel
½ Bund gemischte Kräuter	1 Kartoffel
250 g grüne Bohnen	½ l Wasser
1 Stange Lauch	1 Gemüsebrühwürfel
2 Möhren	1 TL Crème fraîche

¼ des Selleries herausschneiden, schälen und würfeln. Das Sellerie-
kraut abschneiden und mit den Kräutern waschen, schleudern und
klein hacken. Das restliche Gemüse waschen und klein schneiden.
Die Kartoffel mit der Gemüsebürste unter fließendem Wasser
säubern und mit der Schale grob reiben. Mit dem Gemüse, dem
Wasser und dem Gemüsebrühwürfel zum Kochen bringen. Anschließend auf halber Herdstufe ca. 10 Minuten kochen. Die kleingehackten Sellerieblätter und Kräuter sowie die Crème fraîche
dazugeben und auf ausgeschalteter Herdplatte noch 5 Minuten
ziehen lassen.

Sollte es zuviel Selleriegrün sein, so frieren Sie einen Teil ein.

Nachspeise: **Bananendickmilch**
   ¼ l Dickmilch
   1 kleine Banane

Die Dickmilch mit der Banane im Mixer pürieren.

Frischkost

1 TL natives Olivenöl
1 EL Wasser
1 TL Kräutersalz
1 Spritzer flüssige Pflanzenwürze

1 TL Brottrunk
½ Lollo-Rosso-Salat
½ Rettich

Aus Olivenöl, Wasser, Kräutersalz, Pflanzenwürze und Brottrunk eine Salatsauce zubereiten. Den Lollo Rosso waschen, schleudern und zerrupfen. Den Rettich mit einer Gemüsebürste unter fließendem Wasser gründlich bürsten. Mit der Küchenmaschine grob reiben und mit dem Lollo Rosso zusammen zur Salatsauce geben. Alles miteinander vermischen.

Schafskäsebrötchen, gebacken

1 Vollkornbrötchen
100 g Schafskäse

1 Prise Paprikapulver

Das Vollkornbrötchen in der Mitte aufschneiden. Die Käsescheibe in der Mitte teilen und auf die beiden Brötchenhälften legen. Mit Paprikapulver leicht bestreuen.
Im vorgeheizten Backofen bei 200 Grad ca. 5—6 Minuten backen.

Frühstück

Johannisbeermüsli

1 EL Leinsamen (ungeschrotet)
1 EL kaltes Wasser
1 Becher Vollmilchjoghurt

1 TL Öl (aus erster Pressung,
unraffiniert)
200 g rote Johannisbeeren

Den Leinsamen am Vorabend mit dem Wasser in einer Schale einweichen und über Nacht im Kühlschrank abgedeckt quellen lassen. Am nächsten Morgen den Joghurt, das Öl, den eingeweichten Leinsamen und die gewaschenen, abgetropften Johannisbeeren dazugeben. Alles miteinander vermischen.

Mittagessen · *Kohlenhydratmahlzeit*

Frischkost

¹/₂ Becher Joghurt
1 TL Brottrunk

1 TL Kräutersalz
¹/₂ großer Rettich

Aus Joghurt, Brottrunk und Kräutersalz eine Salatsauce zubereiten.
Den Rettich mit der Gemüsebürste unter fließendem Wasser waschen. In der Küchenmaschine fein raffeln und zur Salatsauce geben. Alles miteinander vermischen.

Gebackene Selleriescheiben
mit Tomatensauce

½ Sellerieknolle	2 EL Vollkornbrösel
1 TL Butterschmalz	1 Prise Vollmeersalz

Den Sellerie schälen und in Scheiben schneiden. Das Butterschmalz in einer beschichteten Pfanne erhitzen. Die Selleriescheiben mit etwas Wasser anfeuchten und in den Vollkornbröseln panieren. Die Selleriescheiben von beiden Seiten jeweils ca. 3–4 Minuten goldgelb backen. Mit Salz würzen.

Tomatensauce, kalt

2 Tomaten	1 TL natives Olivenöl
1 Becher Vollmilchjoghurt	1 EL Oregano

Die Tomaten waschen, in Viertel schneiden, dabei den grünen Stiel entfernen. Die Tomaten mit Joghurt, Olivenöl und Oregano in einem Mixer pürieren. Die kalte Tomatensauce zu den warmen panierten Selleriescheiben servieren.

Nachspeise: Obst aus der Kohlenhydratliste, z. B. 1 Banane

Abendessen · *Kohlenhydratmahlzeit*

Frischkost

½ Becher Vollmilchjoghurt	1 Spritzer flüssige Pflanzenwürze
1 TL Brottrunk	¼ Knolle Sellerie
1 TL Kräutersalz	100 g Feldsalat

Aus Joghurt, Brottrunk, Kräutersalz und Pflanzenwürze eine Salatsauce zubereiten.

Den Sellerie schälen und sehr fein raffeln. Den Feldsalat waschen, schleudern und mit dem feingeraffelten Sellerie zur Salatsauce geben. Alles miteinander vermischen.

Kresse-Käse-Brötchen

1 Vollkornbaguettebrötchen
½ Becher Kochkäse

½ Kästchen Kresse oder 1 EL gehackte
Brunnenkresse

Das Brötchen aufschneiden und jede Hälfte mit dem Kochkäse bestreichen. Die Kresse mit der Schere abschneiden, waschen, ausschütteln und über die Brötchenhälften verteilen.

II. TAG:

Frühstück

Bananen-Knäckebrote

4 Scheiben Vollkornknäckebrot
1 Banane

1 EL Mandelblättchen

Die Mandelblättchen in einer beschichteten Pfanne auf mittlerer Stufe leicht rösten und abkühlen lassen.
Die Banane schälen und in Scheiben schneiden. Damit die 4 Knäkkebrotscheiben belegen. Die abgekühlten Mandelblättchen darüber verteilen.

Frischkost

1 Zwiebel	*1 TL Balsam-Essig*
1 TL Öl (aus erster Pressung,	*1 TL Kräutersalz*
unraffiniert)	*1 Spritzer flüssige Pflanzenwürze*
1 EL Wasser	*½ römischer Salat (Romana)*

Die Zwiebel schälen und klein hacken. Aus dem Öl, dem Wasser, dem Balsam-Essig, dem Kräutersalz, der flüssigen Pflanzenwürze und den klein gehackten Zwiebeln eine Salatsauce zubereiten. Den Salat waschen, schleudern, klein rupfen und zur Salatsauce geben. Alles miteinander vermischen.

Gebackener Schafskäse mit Paprikagemüse

je 1 rote, grüne und gelbe	*1 EL granulierte Gemüsebrühe*
Paprikaschote	*2 EL Wasser*
1 Zwiebel	*1 Scheibe Schafskäse von 100 g*
1 Knoblauchzehe	*1 TL natives Olivenöl*
1 TL Butterschmalz	*1 EL Kräuter der Provence*

Die Paprikaschoten unter fließendem Wasser waschen. Aufschneiden und die Kerne im Inneren entfernen. Das Gemüse in grobe Stücke schneiden. Die Zwiebel schälen und in feine Würfel hakken. Die Knoblauchzehe schälen und mit der Presse zerdrücken. In einer beschichteten Pfanne Butterschmalz erwärmen. Die Zwiebelwürfel und die zerdrückte Knoblauchzehe darin glasig dünsten. Anschließend die Paprikastücke, die Gemüsebrühe und die beiden EL Wasser dazugeben. Das Gemüse abdecken und bei mittlerer Hitze ca. 3–4 Minuten dünsten.

Eine feuerfeste Form dünn mit einem Fettpinsel ausstreichen. Den Schafskäse hineinlegen. Mit dem Olivenöl beträufeln und mit den Kräutern bestreuen.
Ca. 8 Minuten unter dem Grill backen.

Nachspeise: Obst aus der Eiweißliste, z. B. 250 g Kirschen

Abendessen · *Kohlenhydratmahlzeit*

Frischkost

½ Becher Vollmilchjoghurt	*1 TL Paprikapulver*
1 TL Kräutersalz	*2 Chicoréestangen*
1 TL Brottrunk	

Aus dem Vollmilchjoghurt, dem Kräutersalz, dem Brottrunk und dem Paprikapulver eine Salatsauce zubereiten.
Die Chicoréestangen lösen. Eventuell zuvor den bitteren inneren Kern entfernen. Die Blätter waschen, schleudern und in Stücke schneiden. Zur Salatsauce geben und alles miteinander vermischen.

Frischkäsebrote

2 Scheiben Vollkornbrot	*1 EL Sonnenblumenkerne*
16 g Doppelrahmfrischkäse	

Die Sonnenblumenkerne in einer beschichteten Pfanne rösten und abkühlen lassen. Die beiden Brotscheiben mit dem Käse bestreichen. Anschließend die gerösteten Sonnenblumenkerne über die Brotschnitten verteilen.

Frühstück

Quarkmüsli mit Kiwi

1 EL Leinsamen (ungeschrotet)
2 EL Wasser
100 g Magerquark

1 TL Öl (aus erster Pressung, unraffiniert)
2 Kiwis

Am Vorabend den Leinsamen mit 1 EL Wasser in einer Schale einweichen und über Nacht im Kühlschrank abgedeckt quellen lassen.

Am nächsten Morgen den Magerquark mit 1 EL Wasser verrühren. Den eingeweichten Leinsamen und das Öl dazugeben. Alles miteinander vermischen. Die beiden Kiwis schälen, in Scheiben schneiden und unter das Müsli ziehen. Sofort essen, da sonst der Quark durch die Enzyme der Kiwis bitter wird.

Mittagessen · *Kohlenhydratmahlzeit*

Frischkost

½ Becher Vollmilchjoghurt
1 TL Crème fraîche
1 TL Brottrunk
1 TL Kräutersalz

1 Prise Cayennepfeffer
2 Knollen rote Bete
1 EL Kokosraspeln

Aus Joghurt, Crème fraîche, Brottrunk, Kräutersalz und Cayennepfeffer eine Salatsauce zubereiten.

Die rote Bete schälen, grob reiben und zur Salatsauce geben. Alles miteinander vermischen. Mit den Kokosraspeln bestreuen.

Spätzle-Käse-Gemüse-Pfanne

¹/₂ l Wasser
1 Prise Vollmeersalz
1 TL natives Olivenöl
50 g Vollkornspätzle ohne Ei
1 Bund Frühlingszwiebeln
2 Tomaten

1 EL Wasser
1 TL granulierte Gemüsebrühe
1 TL Crème fraîche
1 Scheibe Wörishofener Schnittkäse
(60 % Fett i. T.)

Das Wasser mit dem Salz und dem Olivenöl zum Kochen bringen und die Spätzle in ca. 6—8 Minuten bißfest kochen.
Die Frühlingszwiebeln waschen und in dünne Ringe schneiden. Die Tomaten waschen und vierteln, dabei den grünen Stiel entfernen. In einer beschichteten Pfanne die Frühlingszwiebeln mit dem EL Wasser andünsten und abgedeckt bei mittlerer Hitze ca. 4—5 Minuten garen. Die abgekochten Spätzle sowie die Tomatenviertel dazugeben. Mit Gemüsebrühe und Crème fraîche abschmecken. Den in kleine Stücke geschnittenen Käse dazugeben. Abgedeckt bei ausgeschalteter Herdplatte nochmals 2—3 Minuten ziehen lassen, bis der Käse verläuft.

Nachspeise: **Kokos-Joghurt**
   1 Becher Vollmilchjoghurt mit
   1 KL Kokosraspeln verrühren.

Frischkost

100 ml Dickmilch	1 Spritzer flüssige Pflanzenwürze
1 TL Brottrunk	½ römischer Salat (Romana)
1 TL Kräutersalz	

Aus Dickmilch, Brottrunk, Kräutersalz und Pflanzenwürze eine Salatsauce zubereiten.
Den Salat waschen, schleudern und klein schneiden. Zur Salatsauce geben und alles miteinander vermischen.

Handkäsebrötchen

1 Vollkornbrötchen	50 g Handkäse
2 TL Butter	1 kleine Zwiebel

Das Vollkornbrötchen aufschneiden, mit der Butter bestreichen. Den Handkäse in Scheiben schneiden und die Brötchenhälften damit belegen. Die Zwiebel schälen und dünne Ringe abschneiden. Die Brötchenhälften mit den Zwiebelringen belegen.

Frühstück

Frischkäse-Tomaten-Brote

2 Scheiben Vollkornbrot   16 g französischer Kräuterfrischkäse
1 TL Butter   1 Tomate

Eine Brotscheibe mit dem Kräuterfrischkäse, die andere mit der
Butter bestreichen. Die Tomate waschen und in Scheiben schneiden, dabei den grünen Stiel entfernen. Das Butterbrot mit den Tomatenscheiben belegen.

Mittagessen · Kohlenhydratmahlzeit

Frischkost

½ Becher Vollmilchjoghurt   1 TL Brottrunk
1 TL Kräutersalz   1 Bund Radieschen

Aus Joghurt, Kräutersalz und Brottrunk eine Salatsauce zubereiten. Die Radieschen unter fließendem Wasser mit der Gemüsebürste schrubben und anschließend in Scheiben schneiden. Zwei
ganze Radieschen für das Abendbrot zur Seite legen. Die restlichen Radieschenscheiben zur Salatsauce geben und alles miteinander vermischen.

Frischkäsenudeln

$\frac{1}{2}$ l Wasser
1 TL natives Olivenöl
1 TL Vollmeersalz
50 g Vollkornnudeln ohne Ei

16 g französischer Kräuterfrischkäse
1 Spritzer flüssige Pflanzenwürze
1 EL Pinienkerne

Das Wasser mit Olivenöl und Salz zum Kochen bringen. Die Nudeln dazugeben und in 6—8 Minuten bißfest kochen. Abgießen und kurz mit kaltem Wasser abspülen. Die Nudeln auf einen Teller schütten, den Kräuterfrischkäse und die Pflanzenwürze dazugeben. Alles miteinander vermischen und mit den Pinienkernen bestreuen.

Nachspeise: **Feigenjoghurt**
1 Becher Vollmilchjoghurt mit
2 kleingeschnittenen frischen Feigen verrühren.

Abendessen · *Kohlenhydratmahlzeit*

Frischkost

1 EL Wasser
1 TL Öl (aus erster Pressung, unraffiniert)
1 TL Kräutersalz

1 TL Brottrunk
1 Spritzer flüssige Pflanzenwürze
$\frac{1}{4}$ Friséesalat
2 Radieschen

Aus Wasser, Öl, Kräutersalz, Brottrunk und Pflanzenwürze eine Salatsauce zubereiten.
Den Friséesalat waschen, schleudern, klein schneiden und zur Salatsauce geben. Die beiden Radieschen vom Mittag klein schneiden und ebenfalls zufügen. Alles miteinander vermischen.

Ziegenkäsebrote

3 Scheiben Knäckevollkornbrot   1 EL Kürbiskerne
40 g Ziegenfrischkäse

Die Brotscheiben mit dem Ziegenfrischkäse bestreichen. Die
Kürbiskerne grob hacken und damit die Käsebrote bestreuen.

14. TAG:

Frühstück

Nektarinenmüsli

1 EL Leinsamen (ungeschrotet)   1 TL Öl (aus erster Pressung,
1 EL kaltes Wasser   unraffiniert)
1 Becher Vollmilchjoghurt   1 Nektarine

Am Vorabend den Leinsamen mit dem Wasser in einer Schale
einweichen und über Nacht im Kühlschrank abgedeckt quellen
lassen.
Am nächsten Morgen den Joghurt und das Öl zum eingeweichten
Leinsamen geben. Die Nektarine waschen, in der Mitte teilen und
den Stein entfernen. Die Nektarine in Stücke schneiden und unter das Müsli mischen.

Frischkost

1 EL Wasser	1 TL Kräutersalz
1 TL Öl (aus erster Pressung, unraffiniert)	1 Spritzer flüssige Pflanzenwürze
	¼ Friséesalat
1 TL Balsam-Essig	

Aus Wasser, Öl, Balsam-Essig, Kräutersalz und Pflanzenwürze eine Salatsauce herstellen.

Den Friséesalat waschen, schleudern und klein schneiden. Zur Salatsauce geben und alles miteinander vermischen.

Kohlrabigemüse mit Mandeltofu

100 g Tofu	1 TL Johannisbrotkernmehl
2 EL Sojasauce (Shoyu)	(z. B. Biobin)
300 g Kohlrabi	1 TL Crème fraîche
3 EL Wasser	1 EL Mandelblättchen
1 KL granulierte Gemüsebrühe	5 g Butterschmalz

Die Tofuscheibe mit der Sojasauce beträufeln und ca. 20 Minuten ziehen lassen, dabei öfter wenden.

Die grünen Außenblätter vom Kohlrabi entfernen. Nur die zarten Blättchen waschen und klein schneiden. Den Kohlrabi waschen, schälen und in schmale Stifte schneiden. Mit dem Wasser und der Gemüsebrühe zum Kochen bringen. Die Herdplatte auf halbe Stufe zurückstellen und das Gemüse bei mittlerer Hitze ca. 6 Minuten bißfest kochen. Das Gemüse aus der Brühe nehmen. Diese mit dem Johannisbrotkernmehl binden. Das Gemüse, das feingeschnittene Kohlrabigrün und die Crème fraîche unterrühren. Das Gemüse auf ausgeschalteter Herdplatte noch 2 Minuten ziehen lassen.

Die marinierte Tofuscheibe kurz auf Küchenkrepp legen. Die Mandelblättchen auf einen Teller geben und die Tofuscheibe damit von beiden Seiten panieren.

Das Butterschmalz in einer beschichteten Pfanne erwärmen. Die Tofuscheibe bei mittlerer Hitze von beiden Seiten jeweils ca. 4 Minuten backen.

Nachspeise: Obst aus der Eiweißliste, z. B. 250 g Erdbeeren

Abendessen · *Kohlenhydratmahlzeit*

Frischkost

1 TL Öl (aus erster Pressung, unraffiniert)	*1 TL Kräutersalz*
	1 Spritzer flüssige Pflanzenwürze
1 EL Wasser	*½ Friséesalat*
1 TL Brottrunk	

Aus Öl, Wasser, Brottrunk, Kräutersalz und Pflanzenwürze eine Salatsauce zubereiten.

Den Friséesalat waschen, schleudern und kleinschneiden. Zur Salatsauce geben und mischen.

Bananen-Walnuß-Brötchen

1 Vollkornbrötchen	*1 kleine Banane*
1 TL Butter	*2 Walnüsse*

Eine kleine Banane mit der Gabel zerdrücken, dabei die Butter mit verarbeiten.

Das Brötchen aufschneiden und beide Hälften mit der Bananen-Butter bestreichen. Die Walnüsse grob hacken und über die bestrichenen Brötchenhälften streuen.

14tägige Einkaufsliste

Tage:	1.	2.	3.	4.	5.	6.	7.	8.	9.	10.	11.	12.	13.	14.
Apfel			1											
Banane						1			2	1	1			1
Birne	1							1						
Brombeeren (g)					200									
Erdbeeren (g)														250
Feigen			2				2						2	
Honigmelone					½	½								
Johannisbeeren, rot (g)										200				
Kirschen (g)											250			
Kiwi												2		
Mandarine					1									
Nektarine														1
Pflaumen (g)	250	250												
Weintrauben, rot (g)				200										
Stachelbeeren (g)								200						
Aubergine					1									
Basilikum (Bund)		1												
Bohnen, grün (g)			300						250					
Bohnenkraut (Stengel)			1											
Brokkoli (g)								400						

▶

Tage:	1.	2.	3.	4.	5.	6.	7.	8.	9.	10.	11.	12.	13.	14.
Champignons (g)		250					100		50					
Chicorée (Staude)					1						2			
Eichblattsalat														
Endiviensalat	$1/4$		$1/4$		$1/4$	$1/2$	$1/4$							
Feldsalat (g)				200						100				
Friséesalat		$1/2$											$1/4$	$3/4$
Frühlingszwiebel (Bund)								1				1		
Kerbel (Bund)														
Kohlrabi (g)														300
Kresse									$1/2$	$1/2$				
Kräuter, gemischt (Bund)				$1/2$		$1/2$		$1/2$	$1/2$					
Lauch (Stange)									1					
Lollo Rosso-Salat									1					
Möhre	2				1				2					
Paprika, gelb					1						1			
Paprika, rot						1	1				1			
Paprika, grün						$1/2$	$1/2$				1			
Radicchio														
Radieschen (Bund)	$1/2$									$1/2$				
Rettich									$1/2$	$1/2$			1	
Römischer Salat											$1/2$	$1/2$		
Rote Bete			1									2		
Salatgurke							$1/2$	$1/2$						

Tage:	1.	2.	3.	4.	5.	6.	7.	8.	9.	10.	11.	12.	13.	14.
Sellerie									1/4	3/4				
Schnittlauch (Bund)		3												
Tomate					2	1		5		2		2	1	
Zucchini	2				1		1							
Crème fraîche	1 TL	1 TL		1 TL				1 TL	1 TL			2 TL		1 TL
Dickmilch (ml)									400			100		
Doppelrahmfrischkäse (g)							16				16			
Edelpilzkäse, 60 % F. i. T. (g)			30				30							
Franz. Kräuterfrischkäse (g)				16	16								2×16	
Handkäse (g)												50		
Kochkäse (200-ml-Paket)														
Körniger Frischkäse (1 Becher)				1/2		1/2	1/2			1/2				
Magerquark (g)				200	100	100						100		
Mozzarella, Kugel (126 g)		1												
Schafskäse (g)									100		100			
Vollmilchjoghurt (150 g)	2	2	3	1,5	1/2	1	1/2	1/2	2,5	3	1/2	1,5	1,5	1
Wörish. Schnittkäse (Scheibe)	1	1		1				1				1		
Ziegenfrischkäse (g)													40	
Vollkornbrotscheiben	2	2	2	1	2		2	2			2		2	
Vollkornbrötchen	1	1		1			1		1	1		1		1
Vollkornknäckebrotscheiben						4					4		3	
Eigelb						1		1						
Tofu (g)	50		100											100

Balsam-Essig (Aceto Balsamico)
Bohnenkraut, getrocknet
Brottrunk
Butter
Butterschmalz
Cayennepfeffer
Crème-fraîche-Flocken,
    tiefgefroren
Dill
flüssige Pflanzenwürze
Gemüsebrühwürfel
granulierte Gemüsebrühe
Hafer, bzw. Haferflocken
Honig, nicht wärmebehandelt
Johannisbrotkernmehl (z. B.
    Biobin)
Kartoffeln
Knoblauch
Knoblauchsalz
Kokosraspeln
Kräutermischung, tiefgefroren
    oder getrocknet
Kräuter der Provence
Kräutersalz
Kürbiskerne

Leinsamen (Goldleinsamen),
    ungeschrotet
Mandeln, ganz
Mandelblättchen
Naturreis
Naturvanille
Öl, natives Olivenöl
Sonnenblumenöl aus erster
    Pressung, unraffiniert
Oregano
Paprikapulver
Pinienkerne
Sojasauce (Shoyu)
Sonnenblumenkerne
Vollkornbrösel
Vollkornknäckebrot
Vollkornbandnudeln ohne Ei
Vollkornspätzle ohne Ei
Vollmeersalz
Walnüsse
Weizenkörner
Weizenvollkornmehl
Zimt
Zwiebeln

Frühstücksideen

Frischkäse-Erdbeer-Müsli

1 EL ungeschroteter Leinsamen
1 EL kaltes Wasser · ½ Becher körniger Frischkäse
1 TL Öl (aus erster Pressung, unraffiniert)
200 g Erdbeeren

Am Vorabend den Leinsamen zusammen mit dem Wasser in einer Schale einweichen. Abgedeckt im Kühlschrank quellen lassen. Am nächsten Morgen den eingeweichten Leinsamen, den körnigen Frischkäse, das Öl und die gewaschenen, abgetropften Erdbeeren dazugeben und alles miteinander vermischen.

Dickmilch-Johannisbeer-Müsli

1 EL ungeschroteter Leinsamen
1 EL kaltes Wasser · 250 ml Dickmilch
1 TL Öl (aus erster Pressung, unraffiniert)
200 g schwarze Johannisbeeren

Den Leinsamen mit dem EL Wasser am Vorabend in einer Schale einweichen und abgedeckt im Kühlschrank quellen lassen. Am nächsten Morgen die Dickmilch, den Leinsamen, das Öl und die gewaschenen, abgetropften Johannisbeeren dazugeben. Alles miteinander vermischen.

Kefir-Aprikosen-Müsli

1 EL ungeschroteter Leinsamen · 1 EL kaltes Wasser
1 TL Öl (aus erster Pressung, unraffiniert)
250 ml Kefir · 200 g Aprikosen

Am Vorabend den Leinsamen mit dem Wasser in einer Schale einweichen und abgedeckt über Nacht im Kühlschrank quellen lassen. Am nächsten Morgen den eingeweichten Leinsamen mit dem TL Öl in den Kefir einrühren. Die Aprikosen waschen, entsteinen, in Achtel schneiden und unter das Müsli rühren.

Buttermilch-Mirabellen-Müsli

---
1 EL ungeschroteter Leinsamen

---
1 EL kaltes Wasser · 250 ml Buttermilch

---
1 TL Öl (aus erster Pressung, unraffiniert)

---
200 g Mirabellen

Den Leinsamen mit dem EL Wasser am Vorabend in einer Schale einweichen und über Nacht im Kühlschrank abgedeckt quellen lassen. Am nächsten Morgen die Buttermilch, das Öl und die gewaschenen und entsteinten Mirabellen dazugeben. Alles miteinander vermischen.

Quark-Netzmelonen-Müsli

---
1 EL ungeschroteter Leinsamen · 2 EL kaltes Wasser

---
1 TL Öl (aus erster Pressung, unraffiniert)

---
100 g Magerquark · 1/2 Netzmelone

Am Vorabend 1 EL Wasser und den Leinsamen in einer Schale abgedeckt im Kühlschrank über Nacht quellen lassen. Am nächsten Morgen den Quark und den zweiten EL Wasser sowie das Öl dazugeben. Die Melone in der Mitte teilen. Mit einem Löffel die Kerne in der Mitte entfernen. Eine Melonenhälfte vierteln und mit Hilfe eines Messers das Fruchtfleisch auslösen. Die Melonenstückchen zum Müsli geben. Alles miteinander vermischen.

Joghurt-Stachelbeer-Müsli

---

1 EL ungeschroteter Leinsamen

---

1 EL kaltes Wasser · 1 Becher Vollmilchjoghurt

---

1 TL Öl (aus erster Pressung, unraffiniert)

---

150 g Stachelbeeren

Den Leinsamen und das Wasser am Vorabend in einer Schale einweichen und abgedeckt über Nacht im Kühlschrank quellen lassen. Am nächsten Morgen den Vollmilchjoghurt und das Öl sowie die gewaschenen, abgetropften Stachelbeeren dazugeben und alles miteinander vermischen.

Hüttenkäse-Kiwi-Müsli

---

1 EL ungeschroteter Leinsamen

---

1 EL kaltes Wasser · ¹/₂ Becher Hüttenkäse

---

1 TL Öl (aus erster Pressung, unraffiniert)

---

2 Kiwis

Am Vorabend den Leinsamen mit dem Wasser in eine Schale geben und über Nacht abgedeckt im Kühlschrank quellen lassen. Am nächsten Morgen den Hüttenkäse und das Öl unterrühren. Die Kiwis schälen und in Scheiben schneiden. Diese zum Müsli geben und alles miteinander vermischen.

Kefir-Kirschen-Müsli

1 EL ungeschroteter Leinsamen
1 EL kaltes Wasser · 250 ml Kefir
1 TL Öl (aus erster Pressung, unraffiniert)
200 g Kirschen

Den Leinsamen mit dem Wasser am Vorabend einweichen und über Nacht abgedeckt im Kühlschrank quellen lassen. Am nächsten Morgen den Kefir und das Öl unterrühren. Die Kirschen waschen, entsteinen und zum Müsli geben. Alles miteinander vermischen.

Quark-Apfelsinen-Müsli

1 EL ungeschroteter Leinsamen
2 EL kaltes Wasser · 100 g Magerquark
1 TL Öl (aus erster Pressung, unraffiniert)
1 Apfelsine · 1 EL Kokosraspeln

Den Leinsamen mit 1 EL Wasser über Nacht abgedeckt im Kühlschrank quellen lassen. Am nächsten Morgen den Quark und den zweiten EL Wasser sowie den TL Öl hinzugeben. Die Apfelsine schälen und in Stücke schneiden. Die Apfelsinenstücke zum Müsli geben und alles miteinander vermischen. Mit den Kokosraspeln bestreuen.

Joghurt-Grapefruit-Müsli

1 EL ungeschroteter Leinsamen
1 EL kaltes Wasser · 1 Becher Vollmilchjoghurt
1 TL Öl (aus erster Pressung, unraffiniert)
1 Grapefruit

Den Leinsamen und den EL Wasser über Nacht abgedeckt im Kühlschrank quellen lassen. Am nächsten Morgen den Vollmilchjoghurt, das Öl und den eingeweichten Leinsamen in einer Schale vermischen. Die Grapefruit schälen, in Stücke schneiden und unters Müsli ziehen.

Dickmilch-Ananas-Müsli

1 EL ungeschroteter Leinsamen
1 EL kaltes Wasser · 250 ml Dickmilch
1 TL Öl (aus erster Pressung, unraffiniert)
2 Scheiben frische Ananas

Den Leinsamen mit dem Wasser über Nacht abgedeckt im Kühlschrank quellen lassen. Am nächsten Morgen die Dickmilch und das Öl dazugeben. Die beiden Ananasscheiben in Stücke schneiden und untermischen.

Da **Hafer** besonders fetthaltig ist, wird er nicht wie andere Getreidearten nach dem Schroten über Nacht in Wasser eingeweicht, sondern entweder frisch geschrotet oder gequetscht als Flocken sofort verarbeitet.

Hafer-Heidelbeer-Müsli

50 g Hafer
1 TL Öl (aus erster Pressung, unraffiniert)
200 g Heidelbeeren · 1 Becher Vollmilchjoghurt

Den Hafer am Morgen grob schroten. Mit dem Öl und den gewaschenen, abgetropften Heidelbeeren zu dem Vollmilchjoghurt geben. Alles miteinander vermischen.

Hafer-Ananas-Müsli

1 Scheibe getrocknete Ananas
40 ml kaltes Wasser · 250 ml Kefir · 50 g Hafer
1 TL Öl (aus erster Pressung, unraffiniert)

Die Ananasscheibe in den 40 ml kaltem Wasser in einer Schale über Nacht im Kühlschrank einweichen. Am nächsten Morgen die Ananas in Stücke schneiden. Eventuell verbliebenes Einweichwasser unter den Kefir rühren. Den Hafer grob schroten, mit Öl und den Ananasstücken zum Kefir geben und alles miteinander vermischen.

Aprikosen-Hafer-Müsli

---
50 g getrocknete Aprikosen · 40 ml kaltes Wasser

---
1 TL Öl (aus erster Pressung, unraffiniert)

---
100 g Magerquark · 50 g Hafer

Am Vorabend die Aprikosen mit dem Wasser in eine Schale geben und über Nacht abgedeckt im Kühlschrank quellen lassen. Am nächsten Morgen die Aprikosen in Stücke schneiden. Eventuell verbliebenes Einweichwasser unter den Quark rühren. Den Hafer mit Hilfe der Flockenquetsche zu Haferflocken verarbeiten und mit dem Öl unter den Quark mischen.

Dinkel-Feigen-Müsli

---
50 g Dinkel · 50 ml kaltes Wasser

---
1 TL Öl (aus erster Pressung, unraffiniert)

---
1 Becher Vollmilchjoghurt · 2 Feigen

Am Vorabend den Dinkel grob schroten und zusammen mit dem Wasser in einer Schale abgedeckt im Kühlschrank quellen lassen. Am nächsten Morgen den Vollmilchjoghurt und das Öl unterrühren. Die beiden Feigen vierteln, das Fruchtfleisch mit einem Löffel herausnehmen und zum Müsli geben. Alles miteinander vermischen.

Dinkel-Bananen-Müsli

---

50 g Dinkel

---

1 TL Öl (aus erster Pressung, unraffiniert)

---

250 ml Kefir · 1 Banane

Den Dinkel morgens mit der Flockenquetsche zu Dinkelflocken verarbeiten und diese in den Kefir geben. Eine Banane in Scheiben schneiden und mit dem Öl unters Müsli mischen.

Dinkel-Heidelbeer-Müsli

---

50 g Dinkel · 50 ml kaltes Wasser

¼ Becher körniger Frischkäse · 1 EL Buttermilch oder Wasser

---

1 TL Öl (aus erster Pressung, unraffiniert)

---

200 g Heidelbeeren

Den Dinkel am Vorabend grob schroten, zusammen mit dem Wasser über Nacht abgedeckt im Kühlschrank quellen lassen. Am nächsten Morgen den Frischkäse mit Buttermilch oder Wasser verrühren und den eingeweichten Dinkel dazugeben. Die gewaschenen und abgetropften Heidelbeeren mit dem Öl zum Müsli geben und alles miteinander vermischen.

Weizenflocken-Heidelbeer-Müsli

50 g Weizen · 1 Becher Vollmilchjoghurt

1 TL Öl (aus erster Pressung, unraffiniert)

200 g Heidelbeeren · 1 KL Mandelstifte

Den Weizen mit der Flockenquetsche zu Weizenflocken verarbeiten. Den Joghurt und das Öl miteinander verrühren, die Weizenflocken zugeben. Die gewaschenen, abgetropften Heidelbeeren unter das Müsli ziehen und mit den Mandelstiften bestreuen.

Weizen-Pflaumen-Müsli

50 g Weizen · 50 ml kaltes Wasser

50 g getrocknete Pflaumen · 40 ml kaltes Wasser

1 Becher Vollmilchjoghurt

1 TL Öl (aus erster Pressung, unraffiniert)

Den Weizen am Vorabend grob schroten und zusammen mit dem Wasser abgedeckt über Nacht im Kühlschrank quellen lassen. Die getrockneten Pflaumen mit den 40 ml Wasser ebenfalls über Nacht einweichen und im Kühlschrank quellen lassen. Beides *muß* jedoch getrennt voneinander eingeweicht werden. Am nächsten Morgen die Pflaumen in Stücke schneiden. Eventuell verbliebenes Einweichwasser mit dem Weizen, den Pflaumen und dem Öl zum Joghurt geben. Alles miteinander vermischen.

Gerste-Bananen-Müsli

---

50 g Gerste · 50 ml kaltes Wasser

1 TL Öl (aus erster Pressung, unraffiniert)

1 Becher Vollmilchjoghurt · 1 Banane · 4 Pistazienkerne

Am Vorabend die Gerste grob schroten und zusammen mit dem Wasser über Nacht im Kühlschrank quellen lassen. Am nächsten Morgen das Öl, den Joghurt und die in Scheiben geschnittene Banane dazugeben. Alles miteinander vermischen. Die Pistazienkerne grob hacken und über das Müsli streuen.

Gerstenmüsli

---

50 g Gerste · 50 ml kaltes Wasser

1 TL Öl (aus erster Pressung, unraffiniert)

250 ml Dickmilch · 2 frische Feigen · 4 Haselnüsse

Am Vorabend die Gerste grob schroten und zusammen mit dem Wasser über Nacht abgedeckt im Kühlschrank quellen lassen. Am nächsten Morgen die Gerste mit dem Öl unter die Dickmilch rühren. Die Feigen in Viertel schneiden und mit Hilfe eines Löffels das Fruchtfleisch herauslösen, zum Müsli geben und alles miteinander vermischen. Die Haselnüsse grob hacken und über das Müsli streuen.

Zweikornmüsli

25 g Gerste · 25 g Dinkel · 50 ml kaltes Wasser

50 g getrocknete Äpfel · 40 ml kaltes Wasser

1 TL Öl (aus erster Pressung, unraffiniert)

250 ml Dickmilch

Das Getreide am Vorabend grob schroten, zusammen mit 50 ml Wasser abgedeckt über Nacht im Kühlschrank quellen lassen. Die getrockneten Äpfel mit 40 ml Wasser abgedeckt über Nacht im Kühlschrank quellen lassen. Obst und Getreide müssen immer getrennt voneinander eingeweicht werden.
Am nächsten Morgen die Äpfel in Stücke schneiden und mit eventuell noch verbliebenem Einweichwasser zur Dickmilch geben. Das Öl und das eingeweichte Getreide daruntermischen.

Birnen-Joghurt-Müsli

15 g Weizen · 15 g Dinkel · 20 g Hafer

50 g getrocknete Birne · 40 ml kaltes Wasser

1 TL Öl (aus erster Pressung, unraffiniert)

1 Becher Vollmilchjoghurt

Am Vorabend die getrocknete Birne mit dem Wasser einweichen und abgedeckt im Kühlschrank über Nacht quellen lassen. Am nächsten Morgen das Obst in Stücke schneiden. Eventuell noch vorhandenes Einweichwasser, das klein geschnittene Obst und das Öl ins Joghurt rühren. Das Getreide mit der Flockenquetsche zu Getreideflocken verarbeiten und ins Müsli mischen.

Zucchinimüsli

---
50 g Dinkel · 50 ml kaltes Wasser
---
1 TL Öl (aus erster Pressung, unraffiniert)
---
1 EL Alfalfa-Keimlinge · 1 Becher Vollmilchjoghurt
---
1 kleine Zucchini

Den Dinkel am Vorabend grob schroten und zusammen mit dem Wasser über Nacht abgedeckt im Kühlschrank quellen lassen. Am nächsten Morgen den Dinkel mit dem Öl und den Alfalfa-Keimlingen (siehe Seite 56) zum Joghurt geben. Die Zucchini mit der Gemüsebürste unter fließendem Wasser gründlich reinigen, dann grob bis mittelfein reiben und zum Müsli geben. Alles miteinander vermischen.

Gurkenmüsli

---
50 g Hafer · ¹/₂ Becher Hüttenkäse
---
1 TL Öl (aus erster Pressung, unraffiniert)
---
¹/₄ Salatgurke · 1 EL Sonnenblumenkeimlinge

Den Hafer mit Hilfe der Flockenquetsche zu Haferflocken verarbeiten und zum Hüttenkäse geben. Die Salatgurke unter fließendem Wasser mit der Gemüsebürste säubern und grob reiben. Die Gurkenstückchen, das Öl und die Keimlinge (siehe Seite 56) unter den Hüttenkäse mischen.

Möhrenmüsli

---

50 g Gerste · 50 ml kaltes Wasser

---

100 g Magerquark · 1 EL kaltes Wasser

---

1 TL Öl (aus erster Pressung, unraffiniert)

---

1 mittelgroße Möhre · 4 Walnüsse

Am Vorabend die Gerste grob schroten und zusammen mit dem Wasser über Nacht abgedeckt im Kühlschrank quellen lassen. Am nächsten Morgen den Quark mit Wasser, Öl und der eingeweichten Gerste vermischen. Die Möhre mit der Gemüsebürste unter fließendem Wasser gründlich reinigen. Anschließend mit der Küchenreibe oder der Küchenmaschine grob schnetzeln und unters Müsli ziehen. Die Walnußkerne grob hacken und darüberstreuen.

Dinkelkeim-Müsli

---

1 Becher Vollmilchjoghurt

---

1 TL Öl (aus erster Pressung, unraffiniert)

---

2 EL Dinkelkeimlinge (siehe Seite 56)

---

1 EL frisch gehackte Kräuter

Joghurt, Öl und die Dinkelkeimlinge miteinander verrühren. Die Kräuter waschen, schleudern und klein hacken. Einen Eßlöffel davon zum Müsli geben und alles miteinander vermischen.

> Alle nun folgenden Kochrezepte sind, sofern nicht anders vermerkt, für 4 Personen berechnet.

Kohlenhydrat-
mahlzeiten, kalt

Portulak-Quark-Brot

100 g Portulak · 1 TL Kräutersalz
1 Becher Vollmilchjoghurt · 400 g Magerquark
4 Scheiben Kürbiskernvollkornbrot · 1 EL Kürbiskerne

Den Portulak waschen, schleudern, die Blätter von den Stielen
zupfen. Acht Blätter zur Seite legen. Die restlichen Blätter klein
hacken. Mit Kräutersalz, Joghurt und Quark verrühren. Die vier
Brotscheiben mit dem Portulak-Quark bestreichen. Die Kürbiskerne über die Brote streuen und mit den Portulakblättern garnieren.

Paprika-Obatzter

200 g Briekäse (60 % Fett i. T.)
400 g Magerquark · 4 große rote Paprikaschoten
1 Bund Schnittlauch · 1 TL Kräutersalz · einige Zwiebelringe

Den Briekäse mit einer Gabel zerdrücken. Anschließend den Magerquark unterrühren. Den Schnittlauch waschen, schleudern, in
feine Röllchen schneiden und mit dem Kräutersalz zum Käse ge-

ben. Die Paprikaschoten waschen, längs in der Mitte teilen. Den Strunk und die Körner entfernen. Vier Paprikahälften zur Seite legen.

Den restlichen Paprika in ganz kleine Würfelchen schneiden, zum Käse geben und mit den Schnittlauchröllchen unterarbeiten. Jeweils eine halbe Paprikaschote mit dem Obatzten füllen und auf Tellern anrichten.

Die Zwiebel schälen und in dünne Ringe schneiden. Einige Zwiebelringe über dem Obatzten verteilen.

Dazu paßt Vollkornbrot.

Französisches Baguette

1 Vollkornbaguette oder 4 Vollkornbaguettebrötchen
1 EL natives Olivenöl · 1 Knoblauchzehe · 1 TL Kräutersalz
4 Salatblätter · 2 Tomaten · ¼ Salatgurke
1 gelbe Paprika · 2 Stengel Basilikum

Das Baguette bzw. die Baguettebrötchen längs halbieren. Das Basilikum waschen und schleudern. Vier Blätter zur Seite legen. Die restlichen Blätter fein hacken.

Die Knoblauchzehe schälen, pressen, mit dem Olivenöl und dem Kräutersalz sowie dem kleingehackten Basilikum verrühren und auf die Schnittflächen der Brote oder Brötchen streichen.

Die Salatblätter waschen, schleudern und beiseite legen. Tomaten, Salatgurke und Paprika waschen. Die Tomate in Scheiben schneiden, dabei den grünen Stiel entfernen. Die Gurke in Scheiben, die Paprika in schmale Streifen schneiden.

Die Brötchen mit Salatblättern, Gurken-, Tomatenscheiben und Paprikastreifen belegen. Basilikumblätter darüberlegen und das Brot zusammenklappen.

Zucchini-Käse-Creme

2 Zucchini · 1 Bund gemischte Kräuter

200 g Doppelrahmfrischkäse · 100 g Magerquark

½ Becher Vollmilchjoghurt · 1 Prise Kräutersalz

4 Scheiben Vollkornbrot

Die Kräuter waschen, schleudern und klein hacken.
Die Zucchini in der Mitte längs aufschneiden, dabei den Blütenstengel entfernen. Mit einem Löffel das Fruchtfleisch herauslösen
und klein hacken. Den Joghurt mit Frischkäse, Quark, Kräutersalz, dem klein gehackten Zucchinifleisch sowie den Kräutern
vermischen. Die Käse-Creme gleichmäßig auf die vier Brote verteilen und verstreichen.

Gefüllte Paprika

3 rote Paprika · 1 Bund Kerbel · 200 g körniger Frischkäse

1 Becher Vollmilchjoghurt · 1 TL Kräutersalz

Die Paprika waschen und in der Mitte längs aufschneiden, dabei
den Blütenstengel und die Kerne entfernen. Vier Paprikahälften
zur Seite legen. Die restlichen Paprikastücke in ganz feine Würfelchen schneiden. Den Kerbel waschen, schleudern und klein
hacken. Den körnigen Frischkäse mit Joghurt, den gehackten
Kräutern, Kräutersalz und den Paprikastückchen verrühren. Diese Käse-Paprika-Creme in die Schotenhälften einfüllen.
Dazu paßt Vollkornbrot.

Zuckerschotensalat

---

400 g Zuckerschoten · 1 EL Sonnenblumenöl

---

2 EL Wasser · 1 KL Molke-Kwass · 1 TL Kräutersalz

---

einige Spritzer flüssige Pflanzenwürze

---

1 Zwiebel · 1 Bund Rauke (Rucola)

---

1 EL Pinienkerne · 1 Banane

Die Zuckerschoten waschen, putzen, in $\frac{1}{4}$ l kochendem Wasser
3–4 Minuten köcheln, dann abgießen und abkühlen lassen.
Aus dem Öl, dem Wasser, dem Molke-Kwass, dem Kräutersalz
und der flüssigen Pflanzenwürze eine Salatsauce herstellen.
Die Zwiebel schälen, fein hacken und in die Sauce rühren. Die
Rauke waschen, schleudern, grobe Stengel entfernen und die
Blätter klein hacken. Mit den Zuckerschoten zur Salatsauce ge-
ben und alles miteinander vermischen. Die Pinienkerne in einer
beschichteten Pfanne goldgelb rösten und abkühlen lassen. Die
Banane schälen, in Scheiben schneiden und unter den Salat mi-
schen. Mit den gerösteten Pinienkernen bestreuen.
Dazu passen Vollkornbrötchen.

Spargelsalat

---

2 Becher Vollmilchjoghurt

---

1 EL saure Sahne · 1 KL Brottrunk · 1 TL Kräutersalz

---

einige Spritzer flüssige Pflanzenwürze

---

500 g Spargel · $\frac{1}{4}$ l Wasser · 250 g Feldsalat

---

250 g Champignons · 1 Bund Radieschen

---

2 EL Dinkelkeimlinge (siehe Seite 56)

Aus Joghurt, saurer Sahne, Brottrunk, Kräutersalz und Pflanzenwürze eine Salatsauce zubereiten.

Den Spargel schälen und in ca. 5 cm große Stücke schneiden. Diese in dem Wasser zum Kochen bringen, auf halber Herdstufe garen. Nach 5 Minuten die Herdplatte abstellen und den Spargel weitere 5 Minuten ziehen lassen. Flüssigkeit abgießen und den abgetropften Spargel in eine Schüssel geben. Den Feldsalat waschen, schleudern und putzen. Die Champignons und die Radieschen unter fließendem Wasser waschen und in Scheiben schneiden. Alles mit dem Spargel, den Dinkelkeimlingen und der Salatsauce vermischen.

Dazu paßt Roggenvollkornbrot.

Bauernsalat

1 EL natives Olivenöl · 2 EL Wasser
1 EL Molkosan · 1 TL Kräutersalz
einige Spritzer flüssige Pflanzenwürze
½ Bund Majoran · 1 Salatgurke · 1 rote Paprika
1 gelbe Paprika · 2 milde grüne Peperoni · 500 g Tomaten
1 Bund Frühlingszwiebeln · 1 Knoblauchzehe
150 g Schafskäse · 8 Oliven

Aus Öl, Wasser, Molkosan, Kräutersalz und der flüssigen Pflanzenwürze eine Salatsauce herstellen.

Majoran waschen, schleudern und die Blätter kleinhacken. Das Gemüse unter fließendem Wasser mit einer Gemüsebürste säubern. Paprika und Peperoni vierteln, den Strunk und die Kerne entfernen, die Schoten in feine Streifen schneiden. Die Tomaten vierteln, dabei den grünen Strunk entfernen. Die Gurke in Scheiben schneiden. Die Frühlingszwiebeln waschen und in dünne

Ringe schneiden. Die Knoblauchzehe schälen, in der Mitte durch-schneiden und damit die Salatschüssel ausreiben. Danach die Knoblauchzehe pressen. Den Schafskäse in kleine quadratische Würfel schneiden. Paprika, Peperoni, Tomaten, Gurken, Oliven, Frühlingszwiebeln, Knoblauch und Majoran zu der Salatsauce geben und alles miteinander vermischen. Den Salat in eine Schüs-sel umfüllen und mit dem kleingeschnittenen Schafskäse bestreuen. Dazu paßt Vollkorn-Fladenbrot.

Kartoffelsalat

600 g Kartoffeln (möglichst gleich groß)
200 ml Wasser · 1 Prise Vollmeersalz
1 Bund Frühlingszwiebeln · 1 Knoblauchzehe
2 EL warmes Wasser · 1 KL granulierte Gemüsebrühe
1 EL Sonnenblumenöl (aus erster Pressung, unraffiniert)
1 EL Molke-Kwass · 1 KL Kräutersalz
1 Prise Cayennepfeffer · einige Spritzer flüssige Pflanzenwürze
½ Salatgurke · 250 g Cocktailtomaten
½ Schale Kresse

Die Kartoffeln mit einer Gemüsebürste unter fließendem Wasser säubern, mit Wasser und Salz zum Kochen bringen und bei mitt-lerer Hitze je nach Sorte und Größe ca. 20–50 Minuten garen. Die Kartoffeln pellen, abkühlen lassen und danach in Scheiben schnei-den. Die Frühlingszwiebeln putzen, waschen und in schmale Ringe schneiden. Die Knoblauchzehe schälen und pressen. In dem war-men Wasser die Gemüsebrühe auflösen. Diese Brühe mit Sonnen-blumenöl, Molke-Kwass, Kräutersalz, Cayennepfeffer und Pflan-zenwürze zu einer Salatsauce verarbeiten. Die gepreßte Knoblauchzehe und die Frühlingszwiebeln sowie die gekochten Kartoffeln dazugeben und alles miteinander vermischen. Die Salatgurke unter fließendem Wasser abbürsten, längs in der Mitte durchtrennen und in dünne Scheiben schneiden. Die Cocktailtomaten waschen, halbieren, den grünen Kern entfernen, mit den Gurkenstückchen zum Salat geben und alles mischen. Die Kresse waschen, ausschütteln und über den Salat verteilen.

Topinambur-Salat

1 EL Sonnenblumenöl (aus erster Pressung, unraffiniert)
2 EL Wasser · 1 KL Brottrunk · 1 KL Kräutersalz
einige Spritzer flüssige Pflanzenwürze
500 g Topinambur · 150 g Champignons · 4 Tomaten
1 kleine Stange Lauch · 1 Friséesalat · 1 Bund Petersilie
1 EL Sonnenblumenkeimlinge (siehe Seite 56)

Aus Öl, Wasser, Brottrunk, Kräutersalz und Pflanzenwürze eine Salatsauce zubereiten.
Die Petersilie waschen, schleudern, klein hacken und beiseite legen. Topinambur, Champignons, Tomaten und Lauch waschen. Die Topinambur schälen und fein reiben, die Champignons in dünne Scheiben schneiden. Die Tomaten achteln und dabei den grünen Stiel entfernen. Den Lauch in ganz feine Ringe schneiden. Den Friséesalat waschen, schleudern, klein rupfen und zur Salatsauce geben. Alle Zutaten sowie die gehackten Kräuter und die Keimlinge zum Salat geben und miteinander vermischen.

Nudel-Paprika-Salat

200 g Vollkornnudeln ohne Ei (Spirelli)
2 l Wasser · 1 Prise Vollmeersalz
einige Tropfen natives Olivenöl · 1 Becher Vollmilchjoghurt
1 KL Crème fraîche · 1 TL Kräutersalz
1 Spritzer flüssige Pflanzenwürze · 1 Msp Paprikapulver
1 Zwiebel · je 1 rote, grüne und gelbe Paprikaschote
1 Maiskolben · 1 EL Rettichkeimlinge (siehe Seite 56)

Das Wasser mit Salz und Olivenöl zum Kochen bringen. Die Vollkornnudeln darin in 6—8 Minuten bißfest kochen. Die Nudeln abgießen und mit kaltem Wasser abspülen.

Aus Joghurt, Crème fraîche, Kräutersalz, Pflanzenwürze und Paprikapulver eine Salatsauce zubereiten. Die Zwiebel schälen, in kleine Würfel schneiden und zur Salatsauce geben.

Die Paprikaschoten waschen, in der Mitte teilen, den Strunk und die Kerne entfernen. Die Schoten in Streifen schneiden. Den Maiskolben waschen und mit den Fingern die Körner lösen. Nudeln, Paprikastücke, Mais und die Rettichkeimlinge zur Salatsauce geben und alles miteinander vermischen.

Brokkoli-Nudel-Salat

200 g Vollkorn-Gabelspaghetti ohne Ei
2 l Wasser · einige Tropfen natives Olivenöl
1 Prise Vollmeersalz · 500 g Brokkoli · ⅛ l Wasser
4 Tomaten · 1 Bund Liebstöckel · 2 EL heißes Wasser
1 KL granulierte Gemüsebrühe
1 EL Sonnenblumenöl (aus erster Pressung, unraffiniert)
1 EL Brottrunk · 1 KL Kräutersalz · 2 Zwiebeln
2 EL Pinienkerne

Das Wasser mit Salz und Olivenöl zum Kochen bringen. Die Nudeln darin in 5—6 Minuten bißfest kochen. Abgießen und abtropfen lassen. Den Brokkoli waschen, die Stiele abschneiden und in dünne Ringe schneiden. Die Brokkoliröschen zerteilen. Das Wasser zum Kochen bringen, den Brokkoli hineinlegen und abgedeckt auf mittlerer Stufe ca. 3—4 Minuten köcheln. Brokkoli herausnehmen und abkühlen lassen. Die Tomaten waschen, vierteln und dabei den grünen Stiel entfernen. Den Liebstöckel waschen, schleudern und kleinhacken.

In dem heißen Wasser die Gemüsebrühe auflösen.

Mit dieser Gemüsebrühe, Sonnenblumenöl, Brottrunk und Kräutersalz eine Salatsauce zubereiten. Die Zwiebeln schälen, in Würfel schneiden und zur Sauce geben.

Die Pinienkerne in einer beschichteten Pfanne goldgelb rösten und abkühlen lassen.

Nudeln, Brokkoli, Tomaten sowie den gehackten Liebstöckel zur Salatsauce geben und alles miteinander vermischen. Die gerösteten Pinienkerne darüberstreuen.

Austernpilz-Nudelsalat

200 g Vollkornnudeln · 2 l Wasser
einige Tropfen natives Olivenöl · 1 Prise Vollmeersalz
500 g Austernpilze · 2 EL Wasser · 1 Becher Vollmilchjoghurt
1 EL Crème fraîche · 1 EL Molkosan
1 KL Kräutersalz · 1 Zwiebel · 1 Knoblauchzehe
1 Bund glatte Petersilie · 1 Bund Oregano

Das Wasser mit Olivenöl und Salz zum Kochen bringen. Die Nudeln in 6–8 Minuten bißfest kochen, abgießen und kurz kalt abspülen.

Die Austernpilze waschen, klein schneiden und mit dem Wasser in einer Pfanne 6–8 Minuten abgedeckt dünsten.

Aus Joghurt, Crème fraîche, Molkosan und Kräutersalz eine Salatsauce herstellen.

Die Zwiebel und die Knoblauchzehe schälen. Die Zwiebel klein hacken, die Knoblauchzehe pressen und beides zur Salatsauce geben.

Petersilie und Oregano waschen, schleudern und klein hacken.

Nudeln, Pilze und gehackte Kräuter mit der Salatsauce vermischen.

Erbsen-Reis-Salat

---

400 ml Wasser · 1 EL granulierte Gemüsebrühe

200 g roter Camargue-Reis

500 g Erbsen, frisch oder tiefgefroren

⅛ l Wasser · 1 KL granulierte Gemüsebrühe

1 Banane · 1 Becher körniger Frischkäse

1 EL saure Sahne · 1 TL Molke-Kwass

1 KL Currypulver · 2 EL Mandelblättchen

Das Wasser mit der Gemüsebrühe zum Kochen bringen und auf kleiner Stufe den Reis ca. 30 Minuten darin garen. Die Herdplatte abstellen und den Reis ohne den Topf zu öffnen noch 20 Minuten nachquellen, dann abkühlen lassen.

Frische Erbsen knacken und auspalen. In ⅛ l Wasser mit der Gemüsebrühe ca. 15 Minuten bei mittlerer Hitze garen (es können auch tiefgefrorene Erbsen verwendet werden).

Die Banane schälen und mit einer Gabel zerdrücken. Den Frischkäse, die saure Sahne, den Molke-Kwass und das Currypulver dazugeben und alles miteinander verrühren. Die Mandelblättchen in einer beschichteten Pfanne goldgelb rösten und abkühlen lassen.

Den gegarten, abgekühlten Reis und die Erbsen zur Salatsauce geben, alles miteinander vermischen und den Salat mit Mandelblättchen bestreuen.

Wildreis-Salat

200 g Wildreis · 400 ml Wasser · 500 g Spargel	
⅛ l Wasser · 2 KL granulierte Gemüsebrühe	
300 g kleine Champignons · 2 Bund gemischte Kräuter	
2 EL Kürbiskerne · 1 Becher Vollmilchjoghurt	
1 EL italienischer Kräuterfrischkäse · 1 TL Brottrunk	

Den Wildreis mit dem Wasser zum Kochen bringen. Ca. 30 Minuten auf halber Stufe garen. Danach den Reis noch ca. 20 Minuten auf abgestellter Herdplatte quellen lassen.
Den Spargel schälen und in 5 cm große Stücke schneiden. Das Wasser mit Gemüsebrühe und dem Spargel zum Kochen bringen. Den Herd zurückstellen und die Spargelstücke ca. 15 Minuten garen. Die Champignons waschen und in Scheiben schneiden. Die Kräuter waschen, schleudern und klein hacken.
Den Joghurt mit dem Frischkäse und dem Brottrunk verrühren. Den gegarten, abgekühlten Reis sowie den Spargel mit den Champignonscheiben und den gehackten Kräutern zur Salatsauce geben und alles miteinander vermischen. Die Kürbiskerne über den Salat verteilen.

Weizensalat

200 g Weizen · 500 ml Wasser	
1 EL natives Olivenöl · 2 EL Wasser · 1 EL Molkosan	
1 KL Kräutersalz · 1 Spritzer flüssige Pflanzenwürze	
1 Eisbergsalat · 6 Tomaten · 1 Bund frischer Estragon	
1 Zwiebel · 1 Knoblauchzehe · 150 g Schafskäse	

Am Vorabend den Weizen mit dem Wasser zum Kochen bringen. Die Herdplatte auf kleinere Stufe stellen. Die Körner ca. 60 Minuten quellen lassen. Herdplatte abstellen und den Weizen abgedeckt nochmals eine Stunde nachquellen, anschließend abkühlen lassen.

Aus Olivenöl, Wasser, Molkosan, Kräutersalz und Pflanzenwürze eine Salatsauce herstellen.

Den Eisbergsalat waschen, schleudern und klein rupfen. Die Tomaten vierteln und dabei den grünen Stiel entfernen.

Den Estragon waschen, schleudern und klein hacken. Die Zwiebel und die Knoblauchzehe schälen. Die Zwiebel fein hacken, die Knoblauchzehe pressen und beides mit dem Estragon zur Salatsauce geben. Den Schafskäse in Würfel schneiden.

Weizen, Eisbergsalat und Tomaten mit der Salatsauce vermischen. Den Schafskäse darüber verteilen.

Bunter Salat

1 EL Olivenöl · 2 EL Wasser · 1 EL Brottrunk
1 KL Krautersalz · 1 Msp Paprikapulver
1 Bund Frühlingszwiebeln · 1 römischer Salat (Romana)
1 Bund Basilikum · je 1 grüne, rote und gelbe Paprikaschote
1 kleine rote Peperoni · 3 Tomaten
2 Avocados · 150 g Mozzarella
4 EL Sonnenblumenkeimlinge (siehe Seite 56)

Aus Öl, Wasser, Brottrunk, Kräutersalz und Paprikapulver eine Salatsauce herstellen.

Die Frühlingszwiebeln waschen und in feine Ringe schneiden. Den römischen Salat waschen, schleudern und zerkleinern. Das Basilikum waschen, schleudern und klein hacken. Die Paprikaschoten und die Peperoni waschen, in der Mitte teilen. Den grünen Strunk und die Kerne entfernen. Die Paprika in schmale Stücke schneiden. Die Tomaten waschen, schneiden, dabei den grünen Stiel entfernen. Die Avocados in der Mitte teilen und den Kern herauslösen. Das Avocado-Fruchtfleisch in Stücke schneiden, ebenso den Mozzarella. Alle Zutaten, einschließlich der Sonnenblumenkeimlinge zur Salatsauce geben und miteinander vermischen.

Dazu paßt Dinkelbaguette.

Frischkost zur Kohlenhydratmahlzeit

Grundsätzlich ist bei allen Frischkost- bzw. Salatarten zur **Kohlenhydratmahlzeit** *kein* Zitronensaft,

kein Kräuter- oder Obstessig,

kein Wein- bzw. Balsam-Essig erlaubt.

Diese Säuerungsmittel zählen zu den Nahrungsmitteln der Eiweißgruppe und dürfen mit denen der Kohlenhydratgruppe nicht gemischt werden! Zum Säuern stehen hier Brottrunk, Molkosan und Molke-Kwass zur Verfügung.

Bei allen Frischkost- bzw. Salatarten zur **Eiweißmahlzeit** können Säuerungsmittel sowohl aus der Eiweißgruppe als auch jene der Kohlenhydratgruppe verwendet werden.

Zur Arbeitserleichterung hier eine **neutrale Salatsauce,** die zu allen Mahlzeiten paßt:

¼ l Buttermilch · 1 Becher Vollmilchjoghurt (150 ml)
1 Becher Crème fraîche (125 ml)
2 EL gehackte Kräuter, frisch oder tiefgefroren
2 KL Kräutersalz · 2–3 Spritzer flüssige Pflanzenwürze

Alle Zutaten in ein hohes Gefäß geben und mit dem Handrührgerät 1 Minute verquirlen. In einen Behälter umfüllen und verschließen. Diese Salatsauce ist eine Woche im Kühlschrank haltbar. *Je Portion 2 EL Salatsauce entnehmen.*

Bunter Sommersalat

1 EL Sonnenblumenöl (aus erster Pressung, unraffiniert)
2 EL Wasser · 1 KL Molke-Kwass
1 KL Kräutersalz · 1 Spritzer flüssige Pflanzenwürze
1 EL Sonnenblumenkerne · 1 brauner Lollo Rosso
300 g Cocktailtomaten · 1 gelbe Paprika · 1 Maiskolben

Aus Öl, Wasser, Molke-Kwass, Kräutersalz und Pflanzenwürze
eine Salatsauce herstellen.

Die Sonnenblumenkerne in einer beschichteten Pfanne bei mittlerer Hitze rösten.

Den Lollo-Rosso-Salat waschen, schleudern und klein rupfen.
Die Cocktailtomaten waschen und halbieren, dabei den grünen
Stiel entfernen. Die Paprika waschen und halbieren. Den Strunk
und die Kerne entfernen. Die Paprika in schmale Streifen schneiden. Den Maiskolben waschen und mit den Fingern die Maiskörner ablösen. Alle Zutaten zur Salatsauce geben und miteinander
vermischen.

Zum Schluß die gerösteten Sonnenblumenkerne über den Salat
verteilen.

Feldsalat mit Knoblauch-Croûtons

1 Zwiebel · 2 Knoblauchzehen
1 EL und 1 TL Sonnenblumenöl (aus erster Pressung, unraffiniert)
2 EL Wasser · 1 KL Molkosan · 1 TL Kräutersalz
1 Spritzer flüssige Pflanzenwürze
1 Scheibe Weizenvollkornbrot · 150 g Feldsalat

Die Zwiebel und die Knoblauchzehen schälen. Die Zwiebel klein hacken und in die Salatschüssel geben. Eine Knoblauchzehe dazupressen. 1 EL Sonnenblumenöl, Wasser, Molkosan, Kräutersalz und Pflanzenwürze zu den Zwiebeln geben und alles miteinander verrühren.

Die Brotscheibe in kleine Würfel schneiden. Die zweite Knoblauchzehe pressen, mit 1 TL Sonnenblumenöl verrühren und in eine beschichtete Pfanne geben. Die Brotwürfel darin goldbraun rösten.

Den Feldsalat waschen, putzen, schleudern und zur Salatsauce geben. Die Knoblauch-Croûtons zufügen und alles miteinander vermischen.

Zucchinisalat

1 Becher Vollmilchjoghurt · 1 KL Molkosan
1 KL Kräutersalz · 1 Msp Currypulver · 2 EL Sesamsaat
1 Bund gemischte Kräuter · 900 g Zucchini

Aus Joghurt, Molkosan, Kräutersalz und Currypulver eine Salatsauce herstellen.

In einer beschichteten Pfanne die Sesamsaat rösten.

Die Kräuter waschen, schleudern, klein hacken und zur Salatsauce geben.
Die Zucchini unter fließendem Wasser mit der Gemüsebürste säubern. Den Blütenstengel entfernen. Die Zucchini in grobe Stifte reiben. Zur Salatsauce geben und alles miteinander vermischen. Mit dem gerösteten Sesam bestreuen.

Kohlrabi-Möhren-Salat

1 Becher Vollmilchjoghurt
1 KL Brottrunk · 1 KL Kräutersalz · 1 Bund Kerbel
3 Möhren · 3 Kohlrabi · 1 EL Pinienkerne

Aus Joghurt, Brottrunk und Kräutersalz eine Salatsauce herstellen.
Den Kerbel waschen, schleudern, klein hacken. Kohlrabi schälen. Die Möhren unter fließendem Wasser mit einer Gemüsebürste säubern. Beide Gemüse grob reiben und mit dem Kerbel zur Salatsauce geben. Alles miteinander vermischen. Die Pinienkerne darüberstreuen.

Herbstlicher Rotkohlsalat

1 EL Rosinen (ungeschwefelt) · 4 EL Wasser
1 EL Sonnenblumenöl (aus erster Pressung, unraffiniert)
1 KL Brottrunk · 2 KL Vollmeersalz · 1 TL Cayennepfeffer
1 kleiner Kopf Rotkohl · 1 rote Zwiebel · 10 Walnüsse
½ Becher Vollmilchjoghurt · 1 KL Crème fraîche

Die Rosinen mit 2 EL Wasser 4–5 Stunden abgedeckt im Kühlschrank einweichen.

Aus Öl, 2 EL Wasser, Brottrunk, Salz und Cayennepfeffer eine Salatsauce herstellen.

Die äußeren Kohlblätter sowie den Strunk entfernen und den Rotkohl vierteln. Das Kraut fein hobeln. Die Zwiebel schälen und in ganz feine Ringe schneiden. Das Rotkraut, die Zwiebel und die eingeweichten Rosinen mit dem eventuell noch vorhandenen Resteinweichwasser zur Salatsauce geben und alles miteinander vermischen. Die Walnüsse grob hacken. Den Joghurt mit der Crème fraîche verrühren. Diese Creme als Tupfer in die Mitte des Salates geben. Das Ganze mit den gehackten Walnüssen bestreuen.

Avocado-Möhren-Salat

1 Becher Vollmilchjoghurt
1 KL Molkosan · 1 KL Kräutersalz · 1 TL Currypulver
1 EL Mandelblättchen · 500 g Möhren · 1 Avocado

Aus Joghurt, Molkosan, Kräutersalz und Currypulver eine Salatsauce herstellen.

Die Mandelblättchen in einer beschichteten Pfanne rösten. Die Möhren mit der Gemüsebürste säubern und grob reiben. Die Avocado halbieren, den Kern entfernen und das ausgelöste Fruchtfleisch in Würfel schneiden. Mit den geriebenen Möhren zur Salatsauce geben. Alles vorsichtig miteinander vermischen. Mit den gerösteten Mandelblättchen bestreuen.

Eisbergsalat mit Champignons

1 EL Sonnenblumenöl (aus erster Pressung, unraffiniert)
2 EL Wasser · 1 KL Brottrunk · 1 TL Kräutersalz
1 Spritzer flüssige Pflanzenwürze
1 Zwiebel · 1 Knoblauchzehe · 1 Eisbergsalat
1 Bund Pimpinelle · 200 g Champignons

Aus Öl, Wasser, Brottrunk, Kräutersalz und Pflanzenwürze eine Salatsauce zubereiten. Die Zwiebel und die Knoblauchzehe schälen. Die Zwiebel klein hacken, die Knoblauchzehe pressen. Beides in die Salatsauce rühren. Den Eisbergsalat waschen, schleudern und klein rupfen. Die Pimpinelle waschen, schleudern und klein hacken. Die Champignons unter fließendem Wasser waschen. Die »Füße« herausdrehen und in Scheiben schneiden, ebenso die Köpfe. Champignons, Eisbergsalat und Pimpinelle mit der Salatsauce vermischen.

Bunter Paprikasalat

1 EL natives Olivenöl · 2 EL Wasser
1 KL Molkosan · 1 KL Kräutersalz
1 Spritzer flüssige Pflanzenwürze
1 TL Paprikapulver · 1 Zwiebel · 1 Knoblauchzehe
6 große Lollo-Rosso-Salatblätter
2 rote, 1 grüne und 2 gelbe Paprikaschoten
6—8 Basilikumblätter · 50 g Schafskäse · 8 schwarze Oliven

Aus Olivenöl, Wasser, Molkosan, Kräutersalz, Pflanzenwürze und Paprikapulver eine Salatsauce zubereiten.

Die Zwiebel und die Knoblauchzehe schälen. Die Zwiebel fein hacken und zur Salatsauce geben. Die Knoblauchzehe in der Mitte teilen und nur eine Hälfte in die Sauce pressen. Mit der anderen Hälfte die Salatschüssel ausreiben. Die Salatblätter waschen und schleudern. Die Salatschale damit auskleiden. Die Paprikaschoten waschen und den oberen Rand abschneiden. Den Strunk und die Kerne im Inneren entfernen. Die Schoten in feine Ringe schneiden. Das Basilikum waschen, schleudern, klein hacken. Basilikum und Paprikaringe zur Salatsauce geben und alles miteinander vermischen. Den Paprikasalat in die mit den Salatblättern ausgeschlagene Schüssel geben. Den Schafskäse mit 2 Gabeln zerpflükken und in die Mitte des Paprikasalates geben. Den Salat mit den Oliven garnieren.

Löwenzahnsalat mit Croûtons

1 EL natives Olivenöl · 2 EL Wasser
1 EL Molke-Kwass · 1 TL Kräutersalz
1 Spritzer flüssige Pflanzenwürze · 1 Knoblauchzehe
1 Scheibe Dinkelvollkornbrot · 1 EL Kürbiskerne
500 g junger Löwenzahn

Aus Olivenöl, Wasser, Molke-Kwass, Kräutersalz und Pflanzenwürze eine Salatsauce zubereiten. Die Knoblauchzehe schälen, pressen und zur Sauce geben.
Die Brotschnitte in Würfel schneiden. Eine beschichtete Pfanne mit einem Fettpinsel ausstreichen und die Brotwürfel sowie die Kürbiskerne darin goldbraun rösten.
Den Löwenzahn waschen, schleudern und putzen, zur Salatsauce geben und alles miteinander vermischen. Croûtons und Kürbiskerne darüberstreuen.

Fenchel-Radicchio-Salat

1 Becher Vollmilchjoghurt
½ TL Honig · 1 TL Molkosan · 1 Prise Vollmeersalz
1 kleiner Radicchio · 500 g Fenchel · 1 Banane
1 EL Mandelblättchen

Den Joghurt mit Honig, Molkosan und Salz verrühren. Ein Drittel der Banane mit einer Gabel pürieren und unter die Salatsauce mischen.

Den Radicchio waschen und schleudern. Damit einen großen Salatteller auslegen. Den Fenchel waschen. Das Blattgrün abschneiden, fein hacken und zur Salatsauce geben. Die Fenchelknolle halbieren und in dünne Ringe schneiden. Die restliche Banane in dünne Scheiben schneiden und mit dem vorbereiteten Fenchel zur Salatsauce geben. Alles miteinander vermischen und mit Mandelblättchen bestreuen.

Weißkohlsalat

1 EL Sonnenblumenöl (aus erster Pressung, unraffiniert)
2 EL Wasser · 1 KL Kräutersalz · 1 KL Brottrunk
700 g Weißkohl · 6 EL Radieschenkeimlinge · 1 EL Kümmel

Aus Sonnenblumenöl, Wasser, Kräutersalz und Brottrunk eine Salatsauce herstellen.

Die äußeren Blätter des Weißkohls entfernen. Den Kohl vierteln und den Strunk entfernen. Den Weißkohl mit der Küchen- oder Brotmaschine in ganz feine Streifen schneiden. Mit den Radieschenkeimlingen (siehe Seite 56), dem Kümmel und der Salatsauce vermischen.

Spinatsalat mit Radieschen

1 EL Sonnenblumenöl (aus erster Pressung, unraffiniert)
2 EL Wasser · 1 KL Brottrunk · 1 TL Kräutersalz
1 Spritzer flüssige Pflanzenwürze
200 g junger Spinat · 1 Bund Radieschen

Aus Öl, Wasser, Brottrunk, Kräutersalz und Pflanzenwürze eine Salatsauce herstellen. Die Spinatblätter waschen, schleudern und klein schneiden. Die Radieschen mit der Gemüsebürste unter fließendem Wasser abschrubben und in Scheiben schneiden. Den Spinat und die Radieschen mit der Salatsauce vermischen.

Staudenselleriesalat

1 Becher Vollmilchjoghurt · 1 KL Brottrunk
1 TL Vollmeersalz · 1 KL Paprikapulver
1 Bund Staudensellerie · 1 gelbe Paprika
1 EL Dinkelkeimlinge

Aus Joghurt, Brottrunk, Salz und Paprikapulver eine Salatsauce herstellen.
Den Staudensellerie waschen, putzen und in ganz feine Streifen schneiden. Die Paprikaschote waschen und in Viertel teilen, dabei den Strunk und die Kerne entfernen. Die Paprikaviertel ebenfalls in ganz feine Streifen schneiden und mit dem Staudensellerie und den Dinkelkeimlingen (siehe Seite 56) zur Salatsauce geben. Alles miteinander vermischen.

Lauchsalat

¹⁄₂ Becher Vollmilchjoghurt
¹⁄₂ Becher Hüttenkäse · 1 KL Kräutersalz
etwas Dill · 1 Prise Cayennepfeffer
1 EL Azukibohnenkeimlinge (siehe Seite 56)
100 g Champignons · 500 g Lauch · 1 Banane

Aus Joghurt, Hüttenkäse, Kräutersalz, dem klein gehackten Dill und Cayennepfeffer eine Salatsauce zubereiten.
Die Azukibohnenkeimlinge blanchieren und abtropfen lassen. Die Champignons unter fließendem Wasser waschen und in Scheiben schneiden. Den Lauch putzen, waschen und in dünne Ringe, die Banane in Scheiben schneiden. Alles zur Salatsauce geben und miteinander vermischen.

Sommersalat

1 KL Sonnenblumenöl (aus erster Pressung, unraffiniert)
2 EL Wasser · 1 KL Kräutersalz
1 Spritzer flüssige Pflanzenwürze · 1 KL Molkosan
1 Zwiebel · 1 Knoblauchzehe · 1 römischer Salat
1 Bund gemischte Salatkräuter · 1 kleine Zucchini
2 Tomaten · 2 Egerlinge · 1 Avocado

Aus Öl, Wasser, Kräutersalz, Pflanzenwürze und Molkosan eine Salatsauce zubereiten.
Die Zwiebel und die Knoblauchzehe schälen. Die kleingehackte Zwiebel zur Salatsauce geben und die Knoblauchzehe direkt hinzupressen. Den Salat waschen, schleudern und klein zupfen. Die

Salatkräuter waschen, schleudern und klein hacken. Zucchini, Tomaten und Egerlinge waschen, alles klein schneiden. Die Avocado teilen, den Kern entfernen und das Fruchtfleisch in Stücke schneiden. Alle Zutaten mit der Salatsauce vermischen.

Tomatensalat

1 EL natives Olivenöl · 2 EL Wasser

1 KL Brottrunk · 1 KL Kräutersalz

1 Spritzer flüssige Pflanzenwürze · 2–3 Stengel Dill

1 Knoblauchzehe · 700 g Tomaten · 1 EL Kürbiskerne

Aus Öl, Wasser, Kräutersalz, Brottrunk und Pflanzenwürze eine Salatsauce herstellen. Den Dill waschen, ausschütteln, klein schneiden und zur Salatsauce geben. Die Knoblauchzehe in der Mitte teilen und damit die Salatschüssel ausreiben. Die Tomaten waschen, in Scheiben schneiden, dabei den grünen Stiel entfernen. Die Tomatenscheiben mit der Salatsauce vermischen. Mit den Kürbiskernen bestreuen.

Brokkolisalat

1 Becher Vollmilchjoghurt · 1 KL Crème fraîche

1 KL Molkosan · 1 KL Kräutersalz · 1 Msp Currypulver

1 EL Mandelblättchen · 600 g Brokkoli

Aus Joghurt, Crème fraîche, Molkosan, Kräutersalz und Currypulver eine Salatsauce zubereiten.
Die Mandelblättchen in einer beschichteten Pfanne rösten.

Den Brokkoli waschen und ausschütteln. Den Stiel entfernen und fein reiben. Vier bis fünf kleine Röschen entfernen und zur Seite legen. Den restlichen Brokkoli ebenfalls fein raspeln und alles mit der Salatsauce vermischen. Die gerösteten Mandelblättchen über den Salat streuen. Die vier bis fünf Brokkoliröschen zur Garnitur verwenden.

Chinakohlsalat

1 Becher Vollmilchjoghurt · 1 KL Crème fraîche
1 KL Brottrunk · 1 KL Kräutersalz · 1 TL Currypulver
1 Msp Cayennepfeffer · 1 Knoblauchzehe · 500 g Chinakohl
6–8 ganze Haselnüsse

Aus Joghurt, Crème fraîche, Brottrunk, Kräutersalz, Currypulver und Cayennepfeffer eine Salatsauce zubereiten. Die Knoblauchzehe schälen und in die Salatsauce pressen.
Die äußeren Blätter sowie den Strunk des Chinakohls entfernen. Den Chinakohl vierteln, sehr fein raspeln und zur Salatsauce geben. Alles miteinander vermischen. Die Haselnüsse grob hacken und über den Salat streuen.

Kohlenhydrat-mahlzeiten, warm

KARTOFFEL- UND GEMÜSEGERICHTE

Zucchini-Kartoffel-Gratin

400 g möglichst gleich große Kartoffeln
⅛ l Wasser · 1 Prise Vollmeersalz · 500 g Zucchini
200 g Champignons · 100 g Ricotta-Käse
2 Becher Vollmilchjoghurt · 1 EL saure Sahne
1 Eigelb · 1 EL granulierte Gemüsebrühe
1 TL Kräutersalz · geriebene Muskatnuß

Die Kartoffeln unter fließendem Wasser mit der Gemüsebürste reinigen, in ca. 1 cm dicke Scheiben schneiden, mit dem Wasser und der Prise Salz zum Kochen bringen und bei mittlerer Hitze ca. 10 Minuten garen.

Die Zucchini mit der Gemüsebürste unter fließendem Wasser säubern. Die Champignons ebenfalls waschen. Zucchini und Champignons in Scheiben schneiden.

Eine Quicheform mit einem Fettpinsel ausstreichen. Die gegarten Kartoffeln abwechselnd mit den Zucchini und den Champignons in die Quicheform schichten. In einem hohen, schmalen Gefäß Joghurt, Ricotta, saure Sahne, Eigelb, Gemüsebrühe, Kräutersalz und frisch geriebene Muskatnuß mit dem Handrührgerät verquirlen. Diese Masse über das Gericht verteilen.

Im vorgeheizten Backofen bei 200 Grad ca. 45 Minuten backen.

Pfälzer Rahmkartoffeln

600 g Kartoffeln · ¼ l Wasser
1 KL granulierte Gemüsebrühe · 1 Bund Petersilie
100 ml süße Sahne
30 g Dinkelvollkornmehl, fein gemahlen

Die Kartoffeln unter fließendem Wasser mit der Gemüsebürste abschrubben und in 3 cm dicke Scheiben schneiden. Diese Kartoffelscheiben mit dem Wasser und der Gemüsebrühe zum Kochen bringen. Bei mittlerer Hitze ca. 15 Minuten garen. Die Kartoffeln mit einem Schaumlöffel aus der Brühe nehmen und in einer Schüssel warm stellen. Die Sahne und das Mehl in die verbleibende Gemüsebrühe rühren und kurz aufkochen. Einige Minuten bei abgestellter Herdplatte nachquellen lassen.
Die Petersilie waschen, schleudern, klein hacken und über die Kartoffeln streuen. Anschließend die Sahnesauce über die Kartoffeln geben und kurz durchziehen lassen.

Folienkartoffeln mit Quark-Schmand-Füllung

4 mittelgroße Kartoffeln · 1 Bund gemischte Kräuter
100 g Magerquark · 1 EL Vollmilchjoghurt
2 EL Kräuter-Crème-fraîche · 1 Prise Kräutersalz

Die Kartoffeln unter fließendem Wasser mit der Gemüsebürste abschrubben und kreuzweise einschneiden. Mit der Schnittstelle nach oben einzeln in Alufolie wickeln. Im vorgeheizten Backofen bei 200 Grad 1 Stunde backen.
In der Zwischenzeit die Kräuter waschen, schleudern und klein hacken. Den Quark mit Joghurt und Kräuter-Crème-fraîche per

Handrührgerät locker aufschlagen. Die gehackten Kräuter und das Kräutersalz unterrühren.
Die gegarten Folienkartoffeln öffnen und mit der Kräuter-Quark-Masse füllen.

Schneebällchen
mit Rahmpfifferlingen

500 g Pellkartoffeln · ¼ l Wasser
1 Prise Vollmeersalz · ½ Bund Petersilie · 1 Eigelb
1 EL Dinkelvollkornmehl · 1 TL Kräutersalz
1 l Wasser · 1 Prise Vollmeersalz

Die Kartoffeln bereits am Vortag unter fließendem Wasser mit einer Gemüsebürste säubern, mit dem Wasser und der Prise Salz zum Kochen bringen und auf halber Herdstufe in ca. 50 Minuten garen. Die noch heißen Kartoffeln pellen.
Am nächsten Tag die Kartoffeln durch die Presse drücken. Die Petersilie waschen, schleudern und klein hacken. Eine Hälfte für später zur Seite legen. Die andere Hälfte mit Eigelb, Mehl und Kräutersalz zu den gepreßten Kartoffeln geben. Alles kräftig durchkneten.
Das Wasser mit dem Salz zum Kochen bringen und auf halbe Herdstufe zurückstellen. Aus dem Teig mit nassen Händen sechs Schneebällchen formen und 20 Minuten in dem siedenden, jedoch nicht sprudelnd kochenden Wasser ziehen lassen. Die Knödel mit einem Schaumlöffel herausheben.

400 g Pfifferlinge · 1 Zwiebel · ½ Bund Petersilie
⅛ l Wasser · 1 EL granulierte Gemüsebrühe
1 ML Johannisbrotkernmehl · 1 EL Crème fraîche

Die Pfifferlinge waschen und abtropfen lassen. Die Zwiebel schälen und klein hacken. In einem Topf mit 2 EL Wasser die kleingehackte Zwiebel glasig dünsten. Die feingehackte Petersilie mit den Pfifferlingen dazugeben und abgedeckt ca. 5 Minuten dünsten. Die granulierte Gemüsebrühe im heißen Wasser auflösen und angießen. Mit dem Johannisbrotkernmehl binden. Die Crème fraîche unterrühren und die Pilzsauce über die Schneebällchen ziehen.

Kartoffel-Sauerkraut-Auflauf

500 g Kartoffeln · ¼ l Wasser
1 Prise Vollmeersalz · 1 EL süße Sahne
500 g Sauerkraut · 1 TL Butterschmalz
50 g Wörishofener Schnittkäse (60 % Fett i. T.)
1 EL Sonnenblumenkerne

Die Kartoffeln unter fließendem Wasser mit der Gemüsebürste säubern. Mit der Schale in Viertel schneiden und mit dem Wasser und der Prise Salz zum Kochen bringen.
Auf halber Herdstufe in ca. 20 Minuten gar kochen. Die gegarten Kartoffeln mit dem Kochwasser und dem EL Sahne mit Hilfe des Mixstabes pürieren.
Das Sauerkraut in einem Sieb abtropfen lassen.
Eine Auflaufform mit dem Butterschmalz auspinseln. Das Sauerkraut und ⅔ des Kartoffelpürees miteinander vermischen und in die Auflaufform füllen. Das restliche Kartoffelpüree darüber verstreichen. Mit den beiden Scheiben Käse belegen und mit den Sonnenblumenkernen bestreuen.
Im vorgeheizten Backofen bei 200 Grad ca. 30 Minuten backen.

Bratkartoffeln

500 g Kartoffeln · 2 Zwiebeln
1 Knoblauchzehe · ¼ Bund Schnittlauch
15 g Butterschmalz · 1 Prise Vollmeersalz

Die Kartoffeln mit der Gemüsebürste unter fließendem Wasser gründlich säubern, mit der Schale, am besten in der Küchenmaschine oder dem Gurkenhobel, in feine Scheiben schneiden. Die Zwiebeln und den Knoblauch schälen.

Die Zwiebel fein hacken, die Knoblauchzehe pressen. Den Schnittlauch waschen, schleudern und in schmale Ringe schneiden.

In einer beschichteten Pfanne das Butterschmalz erhitzen und die Kartoffelscheiben unter häufigem Wenden anbraten. Dann die feingehackten Zwiebeln und die Knoblauchzehe sowie die Prise Salz zugeben und weiterhin häufig wenden. Die Bratkartoffeln benötigen ca. 15–20 Minuten bis sie gar sind. Kurz vor dem Servieren mit den Schnittlauchröllchen bestreuen.

Topinambur-Lauch-Auflauf

500 g Topinambur · ¼ l Wasser
1 Prise Vollmeersalz · 500 g Lauch · 4 EL Wasser
1 EL granulierte Gemüsebrühe · 200 g Egerlinge
1 TL Butterschmalz · 2 Becher Vollmilchjoghurt
1 EL Crème fraîche · 1 TL Vollmeersalz
1 TL Paprikapulver
50 g dänischer Novarti-Schnittkäse (60 % Fett i. T.)

Die Topinambur mit der Gemüsebürste unter fließendem Wasser säubern. Mit dem Wasser und der Prise Salz zum Kochen bringen und bei mittlerer Hitze ca. 30 Minuten garen. Die Topinambur pellen, abkühlen lassen und in Scheiben schneiden.

Den Lauch waschen, in Ringe schneiden und mit 4 EL Wasser und der Gemüsebrühe zum Kochen bringen. Bei mittlerer Hitze ca. 5 Minuten dünsten.

Die Egerlinge unter fließendem Wasser säubern, in Scheiben schneiden und mit dem Lauchgemüse mischen.

Eine Auflaufform mit dem Butterschmalz einfetten.

Zuerst eine Lage Topinambur einschichten, dann das Lauch-Pilz-Gemüse darüber verteilen.

Den Joghurt mit Crème fraîche, Paprika und Salz verquirlen und über den Auflauf ziehen. Mit den Käsescheiben abdecken.

Im vorgeheizten Backofen bei 200 Grad ca. 30 Minuten backen.

Semmelknödel mit Mischpilzen

3 Weizenvollkornbrötchen (Semmeln, 3–4 Tage alt)
70 ml Wasser · 60 ml süße Sahne · 1 Zwiebel
1 Bund Petersilie · 1 TL Butterschmalz · 1 Eigelb
1 EL Magerquark · 1 TL Kräutersalz · 1 Prise Muskatnuß
2 l Wasser · 1 Prise Vollmeersalz

Die Brötchen in dünne Scheiben schneiden. Die 70 ml Wasser mit der Sahne mischen und über die Brötchen gießen. Nach 10 Minuten die Schüssel mit einem Deckel dicht verschließen und 10 Minuten auf den Kopf stellen, damit die Semmeln von beiden Seiten mit der Flüssigkeit durchtränkt werden.

Die Zwiebeln schälen und klein hacken. Die Petersilie waschen, schleudern und klein hacken. Das Butterschmalz in einer beschichteten Pfanne schmelzen und die Zwiebelwürfel darin glasig dünsten. Petersilie, Eigelb, Quark, Kräutersalz, die frisch geriebene Muskatnuß sowie die gedünsteten Zwiebeln zu den eingeweichten Semmeln geben und kräftig durchkneten.

Das Wasser mit der Prise Salz zum Kochen bringen und die Herdplatte auf halbe Stufe zurückstellen. Das Wasser darf nicht sprudelnd kochen. Mit nassen Händen aus dem Teig sechs Semmelknödel formen und diese 20 Minuten im Wasser ziehen lassen. Mit einem Schaumlöffel herausnehmen.

1 kg Mischpilze (z. B. Parasol, Butter-, Stein- oder Maronenpilze)
1 Bund glatte Petersilie · 1 Zwiebel
1 KL granulierte Gemüsebrühe · 1 EL Kräuter-Crème-fraîche

Die Pilze vorsichtig waschen und abtropfen lassen. Die Petersilie waschen, schleudern und klein hacken. Die Zwiebel schälen und in kleine Würfel schneiden. In einer beschichteten Pfanne die Zwiebelwürfel glasig dünsten. Die Pilze und die Gemüsebrühe dazugeben und abgedeckt ca. 10 Minuten bei mittlerer Herdstufe schmoren. Die Kräuter-Crème-fraîche und die kleingehackte Petersilie darunterrühren. Diese Pilzpfanne zu den Semmelknödeln servieren.

Zu den Getreidearten zählen:
Weizen, Dinkel, Grünkern, Hafer, Gerste, Reis, Roggen, Mais, Hirse.
Dinkel ist die Ursprungsform des Weizens. Grünkern ist unreif geernteter Dinkel, der nach der Ernte gedarrt wird.
Buchweizen zählt nicht zu den Getreidearten, es handelt sich vielmehr um ein Knöterichgewächs. Da er jedoch wie Getreide verarbeitet wird, führe ich ihn hier mit an.
Bei **Quinoa** und **Amaranth** handelt es sich um Körnerfrüchte. Diese galten in Mittel- und Südamerika bis zur Kolonialisierung als Grundnahrungsmittel. Die Verarbeitung dieser Körnerfrüchte ist der Getreidezubereitung sehr ähnlich, deshalb führe ich sie hier ebenfalls an.
Bei der Zubereitung von Getreide ist einiges zu beachten.
Buchweizen enthält einen Farbstoff, der bei empfindlichen Menschen zu Unverträglichkeit führen kann. Deshalb ist es erforderlich, ihn vor der Verwendung mit heißem Wasser zu waschen.
Beim maschinellen Schälen der **Hirse** wird häufig der Keimling verletzt. Das austretende Fett wird schnell ranzig und das Getreide schmeckt dadurch bitter. Deshalb auch hier: vor der Verwendung die Hirse mit heißem Wasser waschen.
Alle anderen Getreidearten werden kalt gewaschen.
Da Salz beim Kochen von ganzen Getreidekörnern die Wasseraufnahme behindert, sollte erst zum Ende der Kochzeit gesalzen werden.

Getreidekochanleitung

Getreideart	Getreide/ Wassermenge	Einweichzeit	Kochzeit	Nachquellen
Amaranth	1 : 3	—	30 Minuten	10 Minuten
Buchweizen*	1 : 1,5	—	20 Minuten	10 Minuten
Dinkel	1 : 2	6—10 Stunden	30 Minuten	30 Minuten
Gerste	1 : 2,2	6—10 Stunden	60 Minuten	60 Minuten
Grünkern	1 : 2	6—10 Stunden	30 Minuten	20 Minuten
Hafer	1 : 1,5	—	30 Minuten	30 Minuten
Hirse*	1 : 2,5	—	10 Minuten	20 Minuten
Quinoa	1 : 2	—	6 Minuten	10 Minuten
Reis	1 : 2	—	30 Minuten	30 Minuten
Roggen	1 : 2,5	6—10 Stunden	60 Minuten	60 Minuten
Weizen	1 : 2,5	6—10 Stunden	60 Minuten	60 Minuten

* Diese Getreidesorten müssen vor dem Kochen erst mit heißem Wasser übergossen werden.

Amaranth-Gemüse-Pfanne

200 g Amaranth · 400 g Möhren

450 g Lauch · 1–2 Stengel Basilikum · 600 ml Wasser

2 EL granulierte Gemüsebrühe · 1 KL saure Sahne

2 EL Sonnenblumenkerne

Amaranth in einem Topf bei mittlerer Hitze unter ständigem Rühren 5 Minuten anrösten. Das Wasser zugießen und abgedeckt bei mittlerer Hitze ca. 20 Minuten schwach köcheln lassen.

In der Zwischenzeit die Möhren mit einer Gemüsebürste unter fließendem Wasser säubern und mit der Küchenmaschine grob reiben. Den Lauch putzen, waschen und in schmale Ringe schneiden. Die Möhren nach 20 Minuten zum Amaranth geben und abgedeckt 10 Minuten weiterdünsten. Dann den Lauch zufügen und weitere 5 Minuten dünsten.

Die Basilikumblätter waschen, das Wasser ausschütteln und die Blätter klein hacken. Basilikum, Gemüsebrühe sowie saure Sahne dazugeben. Alles noch einmal umrühren und abgedeckt bei abgeschalteter Herdplatte 2–3 Minuten ziehen lassen. Den Amaranth-Gemüse-Topf in eine Schüssel umfüllen und mit den Sonnenblumenkernen bestreuen.

Buchweizen-Paprika

200 g Buchweizen · 1 Zwiebel

1 Knoblauchzehe · 300 ml Wasser

1 EL granulierte Gemüsebrühe · 1 mittlere Zucchini

4 große rote Paprikaschoten · einige Zweige Majoran

100 g Ricotta-Frischkäse

Den Buchweizen auf einem Sieb mit heißem Wasser abspülen. Eine Zwiebel und eine Knoblauchzehe schälen. Die Zwiebel fein hacken, die Knoblauchzehe pressen. Beides in einem Topf glasig dünsten. Den Buchweizen mit dem Wasser dazugeben und kurz aufkochen. Bei mittlerer Hitze ca. 20 Minuten garen, mit Gemüsebrühe würzen und die Herdplatte abstellen. Den Buchweizen noch ca. 10 Minuten ausquellen lassen. Die Zucchini und die Paprikaschoten unter fließendem Wasser mit der Gemüsebürste abwaschen. Die Zucchini sehr fein reiben und zum Buchweizen geben. Die Majoranblätter klein hacken und ebenfalls zufügen. Die Paprikaschoten oben aufschneiden, dabei die Kerne entfernen. Den Ricotta unter den Buchweizen mischen. Die Paprikaschoten mit der Buchweizen-Zucchini-Mischung füllen.
Eine feuerfeste Form mit dem Fettpinsel ausstreichen und die gefüllten Paprikaschoten hineinstellen.
Im vorgeheizten Backofen bei 200 Grad 30 Minuten backen.

Dinkel-Gemüse-Eintopf

100 g Dinkel · 300 ml Wasser · 2 Möhren
¼ Knolle Sellerie mit Blättern
1 Zwiebel · je 1 grüne und 1 gelbe Paprikaschote
1 rote Chilischote · 2 Zucchini · 1 Bund Liebstöckel
1 EL granulierte Gemüsebrühe
2 EL Dinkelkeimlinge (siehe Seite 56)

Am Vorabend den Dinkel mit 300 ml kaltem Wasser 6—10 Stunden einweichen. Danach mit dem Einweichwasser zum Kochen bringen und auf mittlerer Herdstufe ca. 30 Minuten garen.

In der Zwischenzeit Möhren, Sellerie, Paprika und Chilischote unter fließendem Wasser mit der Gemüsebürste säubern. Die Möhren in Scheiben schneiden, den Sellerie grob reiben. Beides zum gegarten Dinkel geben und ca. 10 Minuten köcheln lassen. Die Zwiebel schälen und klein hacken; mit den feingehackten Sellerieblättern zufügen. Den Strunk und die Körner vom Paprika und der Chilischote entfernen. Die Chilischote sehr fein, die Paprika in mundgerechte Stücke schneiden. Die Zucchini waschen und ebenfalls in Scheiben schneiden. Das restliche Gemüse zum Eintopf geben und die Herdplatte abstellen. Das Ganze etwa 15 Minuten ziehen lassen. Den Liebstöckel waschen, ausschütteln und klein hacken. Die Gemüsebrühe in den Eintopf rühren. Mit den Dinkelkeimlingen und dem gehackten Liebstöckel bestreuen.

Wirsing-Gersten-Rouladen

200 g Gerste · 400 ml Wasser · 1 Wirsingkohl
1 l Wasser · 1 Prise Vollmeersalz · 2 Bund Kerbel
12 Walnüsse · 1 Zwiebel · 150 g Magerquark
1 EL granulierte Gemüsebrühe · 1 Prise Vollmeersalz
1 TL Butterschmalz · 1 EL saure Sahne

Die Gerste 6—10 Stunden im Wasser einweichen. Danach im Einweichwasser zum Kochen bringen und auf kleiner Stufe 60 Minuten garen. Die Gerste auf abgestellter Herdplatte, ohne den Deckel zu öffnen, eine weitere Stunde ausquellen lassen.

Vom Wirsingkohl 16 Blätter entfernen. 1 l Wasser mit der Prise Salz zum Kochen bringen und die 16 Wirsingblätter 2—3 Minuten darin ziehen lassen. Mit einem Schaumlöffel herausnehmen und zum Abtropfen auf ein Sieb geben. Die vier kleineren Blätter fein hacken. Den Kerbel waschen, schleudern und klein, die Walnüsse grob hacken.

Die Zwiebel schälen und fein hacken. In einem Topf mit 2 EL Wasser glasig dünsten. Die gegarte Gerste, die gehackten Wirsingblätter, den Kerbel, die Walnusse, den Quark, die Gemüsebrühe und die Prise Salz dazugeben und alles miteinander vermischen. Diese Masse gleichmäßig in 4 Wirsingblätter verteilen. Diese mit den restlichen Wirsingblättern zu Rouladen zusammenrollen und mit einem Bindfaden fixieren.

Das Butterschmalz in einer beschichteten Pfanne erhitzen. Die Wirsingrouladen von allen Seiten kurz anbraten. 100 ml Wasser vom Blanchieren dazugießen und abgedeckt 20 Minuten bei schwacher Hitze schmoren.

Die Herdplatte abstellen und die saure Sahne über die Rouladen verteilen. Weitere 5 Minuten ziehen lassen.

Grünkern-Gemüse-Auflauf

---

200 g Grünkern · 400 ml Wasser

---

1 TL Butterschmalz · 1 Bund Frühlingszwiebeln

---

300 g Zucchini · 300 g Auberginen · 300 g grüne Paprika

---

1 Peperoni · 300 g Tomaten · ½ Bund Petersilie

---

3 EL Wasser · 1 EL granulierte Gemüsebrühe

---

1 KL Crème fraîche

---

100 g holländischer Kernhem-Schnittkäse (60 % Fett i. T.)

Den Grünkern mit dem Wasser 6—10 Stunden einweichen. Danach mit dem Einweichwasser zum Kochen bringen und auf kleiner Stufe ca. 30 Minuten garen. Den Grünkern auf abgeschalteter Herdplatte 20 Minuten ausquellen lassen. Eine Auflaufform mit dem Butterschmalz einfetten.

Die Frühlingszwiebeln putzen, waschen und klein schneiden. Das übrige Gemüse mit der Gemüsebürste unter fließendem Wasser säubern. Die Zucchini und die Auberginen in Scheiben schneiden. Bei der Paprika und der Peperoni den Stiel und die Kerne entfernen. Die Paprika in Stücke schneiden, die Peperoni fein hacken. Die Tomaten in Scheiben schneiden, dabei den grünen Stiel entfernen. Die Petersilie waschen, schleudern und klein hakken. Die kleingeschnittenen Frühlingszwiebeln mit 1 EL Wasser andünsten, die Auberginenscheiben dazugeben und bei mittlerer Hitze ca. 5 Minuten dünsten, dann die Paprika-, Peperoni- und Zucchinistücke zufügen. Mit der Gemüsebrühe würzen und 2 EL Wasser dazugeben. Abgedeckt bei mittlerer Hitze weitere 5 Minuten garen. Die Tomatenscheiben, die Crème fraîche sowie die Hälfte der Petersilie darunterheben. Den Käse klein hacken, die Hälfte des Käses zum Gemüse geben und alles miteinander vermischen. In die Auflaufform zuerst eine Schicht Getreide geben, dann das Gemüse darüber verteilen. Anschließend das restliche Getreide darüber verteilen und glattstreichen.

Den Auflauf im vorgeheizten Backofen bei 200 Grad ca. 20 Minuten backen. Den restlichen Käse über dem Auflauf verteilen. Den Backofen abstellen. Die Auflaufform noch ca. 10–15 Minuten im Backofen stehenlassen. Die restliche Petersilie auf den Auflauf streuen.

Hafer-Erbsen-Curry

200 g Nackthafer · 350 ml Wasser
300 g Cashewnüsse · ½ Bund Basilikum
1 Zwiebel · 1–2 EL Wasser
600 g Erbsen (frisch oder tiefgefroren)
1 KL Crème fraîche · 1 EL granulierte Gemüsebrühe
1 KL Currypulver · 1 EL Haferkeimlinge

Den Hafer waschen und in einen Topf geben. Unter ständigem Rühren so lange erhitzen, bis die Körner platzen, dann das Wasser angießen. Kurz aufkochen und auf unterster Stufe 20 Minuten garen. Die Herdplatte abstellen und den Hafer noch ca. 20 Minuten ausquellen lassen. Die Cashewnüsse grob hacken und zur Seite legen. Das Basilikum waschen und schleudern. Die Blätter von den Stielen entfernen und klein hacken.

Die geschälte Zwiebel fein hacken und in einem Topf mit 1–2 EL Wasser glasig dünsten. Die Erbsen dazugeben und 6–8 Minuten garen. Crème fraîche, Gemüsebrühe, die gehackten Nüsse, Currypulver, Haferkeimlinge, Basilikum und den gegarten Hafer zufügen und alles vorsichtig miteinander verrühren.

Hirse-Lauch-Auflauf

200 g Hirse · 450 ml Wasser
1 EL granulierte Gemüsebrühe · 1 Zwiebel
1 Knoblauchzehe · 800 g Lauch · 1 EL Wasser
100 g italienischer Kräuterfrischkäse (Robiola)
1 TL Butterschmalz · 1 Bund glatte Petersilie

Die Hirse mit kochendem Wasser übergießen und in einem Spitz-
sieb abtropfen lassen. Die 450 ml Wasser mit der Gemüsebrühe
zum Kochen bringen und die Hirse hineinschütten. Kurz aufkochen, die Herdplatte auf kleine Stufe stellen und die Hirse 10 Minuten garen, anschließend auf der abgestellten Herdplatte 20 Minuten nachquellen lassen.

Die Zwiebel und die Knoblauchzehe schälen. Die Zwiebel klein
hacken und die Knoblauchzehe pressen. Den Lauch putzen, waschen und in schmale Ringe schneiden. Die Zwiebel und die
Knoblauchzehe in einem Topf andünsten, den Lauch und 1 EL
Wasser zufügen. Ca. 8 Minuten bei mittlerer Hitze dünsten. Die
Petersilie waschen, schleudern und klein hacken. Die gegarte
Hirse, Gemüse, Petersilie und den Frischkäse miteinander vermischen. Eine Auflaufform mit Butterschmalz auspinseln, die Ge-
müse-Hirse-Masse hineingeben und glattstreichen.

Im vorgeheizten Backofen bei 200 Grad ca. 20 Minuten backen.

Quinoa-Blumenkohl

250 g Quinoa · 500 ml Wasser

1 EL granulierte Gemüsebrühe · 1 Bund gemischte Kräuter

1 Blumenkohl · ¼ l Wasser · 1 TL Butterschmalz

1 EL Vollkornbrösel · 1 TL Butter

Quinoa waschen und noch feucht in einem Topf unter ständigem Rühren rösten. Die 500 ml Wasser angießen und 5 Minuten auf kleiner Herdstufe garen. Die Herdplatte abstellen, den Quinoa 7 Minuten ausquellen lassen, die Gemüsebrühe einrühren.

Die Kräuter waschen, schleudern und klein hacken, zum Quinoa geben und umrühren. Den Blumenkohl putzen. Den Kohlkopf für 10 Minuten in Salzwasser legen. Danach den Strunk soweit wie möglich herausschneiden, jedoch so, daß der Kohlkopf noch ganz bleibt. Den Blumenkohl mit ¼ l Wasser zum Kochen bringen. Die Herdplatte auf halbe Stufe stellen und ca. 10 Minuten köcheln lassen. Den Blumenkohl herausnehmen, kurz abkühlen, dann umdrehen und mit dem Getreide füllen. Das geht am besten mit einem Kaffeelöffel.

Eine hohe feuerfeste Glasform mit dem Butterschmalz bepinseln. Den Kohlkopf hineinsetzen und im vorgeheizten Ofen bei 200 Grad ca. 40 Minuten backen. Kurz vor Beendigung der Garzeit die Butter in einer beschichteten Pfanne erwärmen. Die Vollkornbrösel unter Rühren anbräunen. Kurz vor dem Anrichten die Brösel über den Blumenkohl streuen.

Reisauflauf mit Gemüse

200 g Naturreis · 400 ml Wasser · 1 Maiskolben		
800 g Brokkoli · 1 Zwiebel · 1 Knoblauchzehe		
4 EL Wasser · 1 EL granulierte Gemüsebrühe		
1 Bund Basilikum · 100 g Edelpilzkäse (60 % Fett i. T.)		
1 TL Butterschmalz · 1 EL Mandelblättchen		

Den Reis waschen und mit 400 ml Wasser zum Kochen bringen. Die Herdplatte auf kleine Stufe zurückstellen und den Reis ca. 30 Minuten garen, danach auf abgestellter Herdplatte ca. 20 Minuten nachquellen lassen.

Den Maiskolben waschen. Die Maiskörner mit den Fingern lösen. Den Brokkoli waschen und putzen; die Stiele klein hacken, die Röschen aufteilen. Die Zwiebel und die Knoblauchzehe schälen. Die Zwiebel klein hacken, die Knoblauchzehe pressen und in einem Topf mit 1 EL Wasser glasig dünsten. Brokkoli, Maiskörner, 3 EL Wasser und Gemüsebrühe dazugeben. Abgedeckt ca. 5 Minuten dünsten.

Das Basilikum waschen, schleudern und klein hacken. Die Kräuter, den Reis, das Gemüse und den Käse miteinander vermischen.

Eine Auflaufform mit Butterschmalz einfetten, die Reis-Gemüse-Mischung einfüllen und glattstreichen. Mit den Mandelblättchen bestreuen.

Im vorgeheizten Backofen bei 200 Grad ca. 20 Minuten backen. Abstellen und den Auflauf vor dem Servieren noch 10 Minuten ruhen lassen.

Wildreis-Risotto

---

100 g Wildreis · 100 g roter Camargue-Reis

---

400 ml Wasser · 500 g Spargel · ⅛ l Wasser · 250 g Egerlinge

---

1 Bund gemischte Kräuter · 1 Zwiebel

---

1 KL Kräutersalz · 1 EL granulierte Gemüsebrühe

---

1 EL Crème fraîche · 1 EL Kürbiskerne

Beide Reissorten waschen und mit 400 ml Wasser zum Kochen bringen. Die Herdplatte auf kleinste Stufe stellen und den Reis 30 Minuten kochen, dann auf abgestellter Herdplatte noch 20 Minuten nachquellen lassen.

Den Spargel schälen und in 5 cm große Stücke schneiden. Mit ⅛ l Wasser zum Kochen bringen und bei mittlerer Herdstufe ca. 15 Minuten garen.

Die Egerlinge waschen und in Scheiben schneiden. Die Kräuter waschen, schleudern und klein hacken. Die Zwiebel schälen und fein hacken. In einer beschichteten großen Pfanne unter ständigem Rühren die Zwiebelwürfel in 2 EL Wasser andünsten. Egerlinge, Kräuter, Kräutersalz und Gemüsebrühe zufügen und alles abgedeckt 3—4 Minuten garen. Dann den Spargel, den Reis und die Crème fraîche darunterziehen. Mit Kürbiskernen bestreuen.

Roggen-Rotkohl-Rouladen

150 g Roggen · 400 ml Wasser · 1 Rotkohl

1 l Wasser · 1 TL Vollmeersalz · 1 Zwiebel

1 EL granulierte Gemüsebrühe · 1 Bund Petersilie

1 EL Crème fraîche · 1 TL Butterschmalz

1 EL Roggenkeimlinge (siehe Seite 56)

Den Roggen im Wasser einweichen und 6–10 Stunden quellen lassen. Danach im Einweichwasser zum Kochen bringen und auf kleinster Herdstufe 60 Minuten garen. Auf abgestellter Herdplatte noch 1 Stunde nachquellen lassen, ohne den Deckel zu heben. 16 Rotkohlblätter ablösen. Diese in kochendem Salzwasser ca. 2–3 Minuten ziehen lassen. Die Blätter mit einer Schaumkelle herausnehmen und auf ein Sieb zum Abtropfen legen. Vier der Blätter fein hacken. Die Zwiebel schälen und klein hacken. In einem Topf in wenig Wasser unter ständigem Rühren glasig dünsten. Die kleingehackten Rotkohlblätter und 1 EL des Kochwassers mit der Gemüsebrühe darunterrühren und ca. 3 Minuten bei mittlerer Stufe dünsten. Die Petersilie waschen, schleudern und klein hacken, mit dem gegarten Getreide und der Crème fraîche zum Rotkohl geben und alles miteinander vermischen. Diese Masse auf jeweils 4 Rotkohlblätter streichen. Mit den anderen Blättern Rouladen zusammenrollen und diese mit einem Faden fixieren. In einer beschichteten Pfanne das Butterschmalz erhitzen und die Rotkohlrouladen darin von allen Seiten anbraten. 2 EL Gemüsekochwasser zufügen und bei schwacher Hitze 30 Minuten garen. Mit Roggenkeimlingen bestreut servieren.

Weizen-Pilz-Pfanne

200 g Weizen · 500 ml Wasser

600 g Maronenpilze · 2–3 Zweige Majoran · 1 Zwiebel

1 Knoblauchzehe · 1 EL granulierte Gemüsebrühe

1 KL Currypulver · 1 EL Crème fraîche

Den Weizen kalt spülen, mit 500 ml Wasser 6—10 Stunden einweichen. Danach mit dem Einweichwasser zum Kochen bringen und auf kleinster Herdstufe ca. 1 Stunde garen. Anschließend auf abgestellter Herdplatte eine weitere Stunde nachquellen lassen.

Die Pilze waschen. Den Majoran waschen, die Blätter lösen und klein hacken. Die Zwiebel und die Knoblauchzehe schälen. Die Zwiebel klein hacken, die Knoblauchzehe pressen. Beides in einer beschichteten Pfanne unter ständigem Rühren in 1 EL Wasser andünsten. Die einmal durchgeschnittenen Maronen dazugeben. Mit Gemüsebrühe und Currypulver bestreuen.

Abgedeckt auf mittlerer Herdstufe 5 Minuten dünsten, dann Weizen, Majoran sowie Crème fraîche dazugeben und alles miteinander vermischen. Vor dem Servieren kurz durchziehen lassen.

Nudeln ohne Ei
aus eigener Herstellung

200 g Hartweizen · 50 g Dinkel

2 EL Sonnenblumenöl (aus erster Pressung, unraffiniert)

1 Prise Vollmeersalz · 125–150 ml heißes Wasser

Bei der Verarbeitung von Vollkornnudeln ist es durch den unterschiedlichen Feuchtigkeitsgehalt des Korns nicht möglich, exakte Flüssigkeitsangaben zu machen. Deshalb immer erst die Mindestmenge verbrauchen. Sollte der Teig zu trocken oder zu feucht sein, weitere Flüssigkeit, bzw. Vollkornmehl dazugeben.

Den Hartweizen mit dem Dinkel sehr fein mahlen. Das heiße Wasser, das Öl und die Prise Salz dazugeben. Alles zusammen mindestens 5 Minuten kneten. Der Teig muß elastisch, fest und glatt sein. Den Teig ca. 45 Minuten mit einem feuchten Tuch abgedeckt ruhen lassen. Anschließend auf der bemehlten Arbeitsfläche dünn ausrollen, bzw. mit der Nudelmaschine bearbeiten. Bei der Herstellung von ungefüllten Nudeln, wie z. B. Bandnudeln oder Lasagneplatten, den Teig nach dem Ausrollen antrocknen lassen und dann erst weiterverarbeiten. Danach können die Nudeln sofort in Salzwasser mit einigen Tropfen nativem Olivenöl bißfest gekocht werden.

Es besteht auch die Möglichkeit, Nudeln auf Vorrat anzufertigen. Dazu legt man die Nudeln auf ein bemehltes Küchentuch und läßt sie 2–3 Tage trocknen. Danach werden sie luftdurchlässig, am besten in Papiertüten, aufbewahrt. Die Nudeln sind 2–3 Wochen haltbar.

Durch die Zugabe von püriertem Spinat oder Tomaten bzw. Zufügen von Curry, Safran, Paprikapulver oder fein gehackten Kräutern erhält man »bunte Nudeln«.

Bei der Weiterverarbeitung zu Maultaschen oder Ravioli den Teig *nicht* antrocknen lassen. Die Schnittstellen mit Wasser anfeuchten und fest aneinanderdrücken. Werden die gefüllten Teigwaren nicht gleich weiterverarbeitet, so empfiehlt es sich, diese einzeln einzufrieren. Nachdem sie tiefgefroren sind, werden sie portionsweise in Tiefkühlbeutel abgefüllt. Beim Verbrauch der tiefgefrorenen Teigwaren, diese wie sonst auch in kochendem Salzwasser mit einigen Tropfen Olivenöl bißfest kochen.

Selbstverständlich können auch fertige Vollkornnudeln *ohne Ei* verwendet werden.

Pilz-Bandnudeln

250 g Vollkornnudeln ohne Ei
2 l Wasser · einige Tropfen natives Olivenöl
1 Prise Vollmeersalz · 1 Zwiebel · 1 Knoblauchzehe
1 EL Wasser · 500 g Shiitake-Pilze
1 Bund glatte Petersilie · 1 EL granulierte Gemüsebrühe
1 Becher Vollmilchjoghurt · 1 EL saure Sahne

Die Nudeln in kochendem Wasser mit dem Olivenöl und der Prise Salz bißfest kochen.

Die Zwiebel und die Knoblauchzehe schälen. Die Zwiebel fein hacken, die Knoblauchzehe pressen. Die Petersilie waschen, schleudern und klein hacken.

Die Pilze waschen, abtropfen lassen und halbieren. In einer beschichteten Pfanne die Zwiebelwürfel mit der Knoblauchzehe und dem EL Wasser glasig dünsten. Die Pilze dazugeben, mit der Gemüsebrühe bestreuen und abgedeckt bei mittlerer Hitze ca. 10 Minuten garen. Joghurt mit saurer Sahne sowie Petersilie verquirlen und zum Schluß zu den Pilzen geben. Bei abgeschalteter Herdplatte ca. 2–3 Minuten ziehen lassen. Die Pilze über die Bandnudeln verteilen.

Nußspätzle mit Mangold

500 g Mangold · 1 Zwiebel · 1 Knoblauchzehe
6 EL Wasser · 1 EL granulierte Gemüsebrühe
1 EL Crème fraîche · 250 g Vollkornspätzle ohne Ei
2 l Wasser · einige Tropfen natives Olivenöl
1 Prise Vollmeersalz · 50 g Haselnüsse

Mangold waschen, putzen und abtropfen lassen. Die Blätter und Stiele klein schneiden. Die Zwiebel und die Knoblauchzehe schälen. Die Zwiebel klein hacken, den Knoblauch pressen. Beides mit 1 EL Wasser in einem Topf glasig dünsten. Den Mangold dazugeben, mit der Gemüsebrühe bestreuen, 5 EL Wasser zufügen und abgedeckt ca. 5 Minuten dünsten. Die Crème fraîche einrühren und auf abgeschalteter Herdplatte noch 2–3 Minuten ziehen lassen.

Die Spätzle in dem Wasser mit Olivenöl und Salz bißfest kochen. In einer beschichteten Pfanne die grob gehackten Haselnüsse rösten. Die gekochten, abgetropften Spätzle mit den Nüssen vermischen und zum Gemüse servieren.

Nudeln mit Gemüsesauce

250 g Vollkornspaghetti ohne Ei
2 l Wasser · einige Tropfen natives Olivenöl
1 Prise Vollmeersalz · 1 Zwiebel · 1 Knoblauchzehe
1 Bund Suppengrün · 1 EL granulierte Gemüsebrühe
400 g Tomaten · 1 Zweig Basilikum · 1 Zweig Oregano
150 ml Wasser · 1 EL süße Sahne
50 g holländischer Kernhem-Schnittkäse (60 % Fett i. T.)

Das Wasser mit Olivenöl und der Prise Salz zum Kochen bringen. Die Nudeln darin bißfest kochen.

Die Zwiebel und die Knoblauchzehe schälen. Die Zwiebel fein hacken, die Knoblauchzehe pressen. Das Suppengrün waschen, putzen und klein schneiden. Die Zwiebelstückchen mit dem Knoblauch und 1 EL Wasser glasig dünsten. Das vorbereitete Suppengrün mit 150 ml Wasser und der Gemüsebrühe dazugeben. Auf mittlerer Herdstufe ca. 20 Minuten köcheln. Die Tomaten waschen und viertln, dabei den grünen Stiel entfernen. Basilikum und Oregano waschen und kleinhacken, mit den Tomaten zum Gemüse geben und weitere 5–8 Minuten köcheln lassen. Mit dem Mixstab das Ganze fein pürieren. Die Sahne einrühren und die Sauce über die Nudeln geben.

Den Käse kleinschneiden und über das Gericht streuen.

Pesto-Bandnudeln

---

200 g Vollkornnudeln ohne Ei · 2 l Wasser

---

1 Prise Vollmeersalz · einige Tropfen natives Olivenöl

---

2 Knoblauchzehen · 1 Bund Basilikum · 6 EL Olivenöl

---

1 Prise Vollmeersalz · 25 g Pinienkerne

Das Wasser mit Salz und Olivenöl zum Kochen bringen und die Nudeln darin bißfest kochen.

Die Knoblauchzehen schälen und in ein hohes, schmales Gefäß pressen. Basilikum waschen, schleudern, grob hacken und zum Knoblauch geben. Die Prise Salz und 6 EL Olivenöl zufügen. Mit dem Pürierstab alles zerkleinern. Die Pinienkerne grob hacken und unterrühren. Die gekochten Nudeln mit der köstlichen Pesto-Sauce servieren.

Champignon-Bandnudeln

---

250 g Vollkornbandnudeln ohne Ei

---

2 l Wasser · einige Tropfen natives Olivenöl

---

1 Prise Vollmeersalz · 1 Bund Frühlingszwiebeln

---

1 Knoblauchzehe · 400 g Champignons

---

1 Zweig Basilikum · 1 EL granulierte Gemüsebrühe

⅛ l Wasser · 1 ML Johannisbrotkernmehl · 2 EL süße Sahne

Das Wasser mit der Prise Salz und dem Olivenöl zum Kochen bringen. Die Nudeln darin bißfest kochen.

Die Frühlingszwiebeln waschen, putzen und in feine Ringe schneiden. Die Knoblauchzehe schälen und pressen. Champignons waschen und in Scheiben schneiden. Basilikum waschen, das Wasser ausschütteln. Zwei bis drei kleine Blätter zurücklegen. Das restliche Basilikum klein hacken.

Die Frühlingszwiebeln mit Knoblauch und 1 EL Wasser andünsten. Die Gemüsebrühe mit ⅛ l Wasser dazugeben und abgedeckt bei mittlerer Hitze ca. 8 Minuten köcheln. Die Champignonscheiben zufügen und ca. 5 Minuten schmoren. Mit dem Johannisbrotkernmehl binden. Sahne und das gehackte Basilikum einrühren und über die fertigen Vollkornnudeln verteilen. Mit den restlichen Basilikumblättern garnieren.

Kräuter-Sahne-Nudeln

250 g Vollkornnudeln ohne Ei · 2 l Wasser
einige Tropfen natives Olivenöl · 1 Prise Vollmeersalz
1 Bund gemischte Kräuter · 1 kleine Kartoffel
1 kleine Zucchini · 1 Zwiebel · 1 Knoblauchzehe
¼ l Wasser · 1 EL granulierte Gemüsebrühe
1 Spritzer flüssige Pflanzenwürze · 1 EL Crème fraîche

Das Wasser mit Salz und Olivenöl zum Kochen bringen und darin die Nudeln in ca. 6—8 Minuten bißfest kochen.

Die Kräuter waschen, schleudern und klein hacken. Die Kartoffel und die Zucchini mit der Gemüsebürste unter fließendem Wasser reinigen und fein reiben. Die Zwiebel und die Knoblauchzehe schälen. Die Zwiebel fein hacken, den Knoblauch pressen. Beides mit 1 EL Wasser glasig dünsten. Die fein geriebene Zucchini und die Kartoffel sowie das restliche Wasser, die Gemüsebrühe und die flüssige Pflanzenwürze dazugeben. Auf mittlerer Herdstufe ca. 10 Minuten köcheln lassen, dann mit dem Pürierstab zerkleinern. Die Kräuter und die Crème fraîche unterrühren und die Sauce abgcdcckt bei ausgeschalteter Herdplatte noch 3—4 Minuten ziehen lassen. Mit den fertigen Nudeln servieren.

Gemüsenudeln

250 g bunte Vollkornnudeln ohne Ei · 2 l Wasser

einige Tropfen natives Olivenöl · 1 Prise Vollmeersalz

4 Möhren · 2 Zucchini · 1 KL granulierte Gemüsebrühe

½ Glas Wasser · 1 Bund glatte Petersilie · 1 EL Crème fraîche

100 g italienischer Kräuterfrischkäse (Robiola)

Das Wasser mit Olivenöl und Salz zum Kochen bringen. Die Nudeln darin in ca. 6—8 Minuten bißfest kochen.

Die Möhren und die Zucchini mit der Gemüsebürste unter fließendem Wasser säubern. Beides in schmale Stifte reiben. Die Möhren mit dem Wasser und der Gemüsebrühe zum Kochen bringen. Die Herdplatte auf halbe Stufe zurückstellen. Nach ca. 2 Minuten die Zucchini dazugeben und abgedeckt weitere 2—3 Minuten köcheln lassen.

In der Zwischenzeit die Petersilie waschen, schleudern und klein hacken, über das Gemüse streuen. Die Crème fraîche und den Frischkäse darunterrühren. Auf abgeschalteter Herdplatte das Ganze 2 Minuten ziehen lassen. Umrühren und über die Nudeln verteilen.

Bandnudeln mit Edelpilz-Käsesauce

---

250 g Vollkornnudeln ohne Ei · 2 l Wasser

einige Tropfen natives Olivenöl · 1 Prise Vollmeersalz

1—2 Zweige Basilikum · 150 g Edelpilzkäse (60 % Fett i. T.)

1 Becher Vollmilchjoghurt · 1 EL süße Sahne

Das Wasser mit Olivenöl und Salz zum Kochen bringen. Nudeln darin in 6—8 Minuten bißfest kochen.

Das Basilikum waschen, schleudern, die Blätter von den Stielen lösen und klein hacken.

Den Käse mit einer Gabel zerdrücken. Den Joghurt mit der Sahne erhitzen und den zerbröselten Schimmelpilzkäse unter Rühren darin schmelzen, jedoch nicht kochen lassen. Das kleingehackte Basilikum einrühren. Diese Käsesauce über die Vollkornnudeln ziehen.

Nachspeisen zur Kohlenhydratmahlzeit

Hier ist generell zu sagen, daß das »Schlecken« unterbleiben sollte, vor allem dann, wenn es sich um Nachspeisen aus Milchprodukten und Honig handelt. Durch die kohlenhydratspaltenden Enzyme des Mundspeichels besteht die Gefahr, daß Füllungen, Cremes, geschlagene Sahne etc. durch wiederholtes Probieren mit demselben Löffel oder gar Finger nicht fest werden. Abschmecken daher bitte nur mit einem *sauberen* Löffel.

Stellen Sie zum Abmessen den Honig in eine Waage und entnehmen Sie ihn mit einem Löffel. Mit Hilfe eines Gummischabers läßt er sich gut abstreifen. Dies ist die einfachste und sauberste Art, Honig abzuwiegen.

Ricotta-Banane

125 ml süße Sahne · 500 g Ricotta-Käse
2 Bananen · 1 EL Kokosflocken · 8 Blätter Zitronenmelisse

Die Sahne steif schlagen. Den Ricotta-Käse mit dem Handrührgerät aufschlagen. Die Bananen mit der Gabel zerdrücken und mit dem Ricotta vermischen. Die steifgeschlagene Sahne mit einem Kochlöffel unterheben. Diese Creme in vier Schalen füllen. Mit den Kokosflocken bestreuen. Die Zitronenmelisse waschen und jede Schale mit 2 Blättern garnieren.

Schokocreme

125 g süße Sahne · 200 g Quark · 1 EL Honig

100 g Zartbitterschokolade · 2 EL Wasser

Die Sahne steif schlagen und kalt stellen. Den Quark mit dem Honig verrühren. Die Zartbitterschokolade mit den beiden EL Wasser im Wasserbad schmelzen und abkühlen lassen. Die leicht abgekühlte, jedoch noch flüssige Schokolade langsam unter den Quark rühren. Mit einem Lochrührlöffel die steifgeschlagene Sahne darunterziehen. Die Schokoladencreme auf vier Schalen verteilen und für 1–2 Stunden in den Kühlschrank stellen. Kurz vor dem Servieren mit einem Sahneküßchen garnieren.

Mandelgrieß

325 ml süße Sahne · 300 ml Wasser · 80 g Maißgrieß

1 EL Honig · 1 Msp Naturvanille · 100 g Mandeln

Den Topf mit kaltem Wasser ausspülen, nicht abtrocknen. 200 ml süße Sahne mit dem Wasser mischen und zum Kochen bringen. Den Maisgrieß hinzugeben und unter ständigem Rühren kurz aufkochen. Auf ausgeschalteter Herdplatte, unter gelegentlichem Rühren, ca. 15 Minuten ausquellen lassen. Den Honig und die Naturvanille darunterrühren.
Die Mandeln für 3–4 Minuten in kochendes Wasser geben, abgießen, enthäuten. Die Mandeln abkühlen und trocknen lassen. Vier Mandelhälften zur Seite legen. Die restlichen Mandeln hakken und unter den Grieß rühren. Während des Abkühlens gelegentlich umrühren. 125 ml Sahne steif schlagen. Nach dem Auskühlen des Grießbreis die steifgeschlagene Sahne unterheben.

Den Mandelgrieß in vier Schalen aufteilen und jeweils mit einer Mandelhälfte garnieren.

Vanillepudding

---
80 g Dinkel · 200 ml süße Sahne · 250 ml Wasser

1 EL Honig · 1 Eigelb · 2 KL Naturvanille

Den Topf mit kaltem Wasser ausspülen, nicht abtrocknen. Den Dinkel fein mahlen. Die Sahne und das Wasser in einem Topf mischen. Das Vollkornmehl dazugeben und unter ständigem Rühren zum Kochen bringen. Die Herdplatte abstellen und den Pudding noch 2 Minuten umrühren. Das Eigelb, die Naturvanille und den Honig einrühren. Den Pudding abkühlen lassen, dabei gelegentlich umrühren, damit sich keine Haut bildet.

Mohncreme

---
20 g Mohn · 75 g Hirse · 200 ml Wasser

50 ml süße Sahne · 1 EL Honig · 2 Becher Vollmilchjoghurt

100 g Mascarpone-Käse · 4 Minzeblätter

Den Topf kalt abspülen, jedoch nicht abtrocknen. Den Mohn mit der Hirse zusammen grob mahlen. Das Wasser mit der Sahne mischen und mit Mohn und Hirse unter ständigem Rühren zum Kochen bringen. Etwa 2—3 Minuten unter Rühren kochen. Die Herdplatte abstellen. In den ersten 5 Minuten gelegentlich umrühren, dabei den Honig dazugeben. Die Creme ca. 10-15 Minuten abgedeckt ausquellen lassen, dabei ab und zu umrühren.

Die beiden Joghurts mit dem Mascarpone verrühren und mit der abgekühlten Mohn-Hirse-Masse vermischen. Die Creme in vier Portionsschalen verteilen. Vor dem Anrichten mit jeweils einem Minzeblatt garnieren.

Kakao-Mandel-Creme

60 g Mandeln · 70 g Dinkel · 300 ml Wasser

350 ml süße Sahne · 1 Msp Naturvanille

2 EL Kakaopulver · 2 EL Honig

Die Mandeln in einer beschichteten Pfanne rösten, abkühlen lassen und fein reiben. Den Dinkel fein mahlen. Das Wasser mit 200 ml Sahne mischen. Das Vollkornmehl, die Naturvanille und das Kakaopulver dazugeben und zum Kochen bringen. Unter ständigem Rühren 1–2 Minuten kochen. Den Honig mit ²/₃ der geriebenen Mandeln in die Creme einrühren. Die Creme abkühlen lassen, dabei gelegentlich umrühren, damit sich keine Haut bildet. 150 ml Sahne steif schlagen und unter die abgekühlte Creme heben. Die Creme in eine Schale füllen und mit den restlichen geriebenen Mandeln garnieren.

Sahnereis mit Rosinen

70 g ungeschwefelte Rosinen · 4 EL Wasser
250 ml Wasser · 250 ml süße Sahne
100 g Naturreis (Rundkorn) · 1 TL Naturvanille
50 g Honig · 1 Eigelb

Die Rosinen mit 4 EL Wasser 2–3 Stunden im Kühlschrank einweichen. 250 ml Wasser mit 100 ml Sahne mischen. Den Reis grob mahlen und mit dem Wasser-Sahne-Gemisch unter ständigem Rühren aufkochen. Die Herdplatte abstellen. Naturvanille, Honig, Eigelb und die eingeweichten Rosinen dazugeben. Gelegentlich umrühren. Den Reis abgedeckt ca. 25 Minuten nachquellen lassen.

150 ml Sahne steif schlagen und unter die abgekühlte Creme ziehen. Die Creme in vier Portionsschalen verteilen.

Mascarpone-Heidelbeeren

500 g Heidelbeeren · 150 g Mascarpone-Käse
250 g Magerquark · 2 EL Wasser
2 EL Honig · 1 EL Pinienkerne

Die Heidelbeeren waschen und abtropfen lassen. Mascarpone, Quark und Wasser mit einem Handrührgerät aufschlagen. Den Honig unterrühren. Die Heidelbeeren unter die Käsecreme heben. Die Creme in eine große Schüssel füllen und mit den grobgehackten Pinienkernen bestreuen.

Sprossenquark

1 EL Sonnenblumenkerne

400 g Magerquark · 1 Becher Vollmilchjoghurt

1 EL Honig · 1 TL Naturvanille · 300 g Heidelbeeren

1 EL Sonnenblumenkeimlinge (siehe Seite 56)

Die Sonnenblumenkerne in einer beschichteten Pfanne rösten und abkühlen lassen. Den Quark mit Joghurt, Honig und Naturvanille per Handrührgerät kräftig aufschlagen. Die gewaschenen, abgetrockneten Heidelbeeren mit den Sonnenblumenkeimlingen unter die Quarkcreme ziehen. Die Creme in Portionsschalen füllen. Kurz vor dem Servieren mit den angerösteten Sonnenblumenkernen bestreuen.

Banane im Schlafrock

180 g Dinkel · 100 g Butter · 2 EL Honig

1 Eigelb · 4 kleine Bananen

Den Dinkel fein mahlen. Die kalte Butter in Stücke schneiden. Vollkornmehl, Honig, Butterflöckchen und Eigelb mit zwei Teigkarten vermischen. Anschließend kurz mit beiden Händen zu einem Mürbeteig verarbeiten. Den Teig 30 Minuten im Kühlschrank ruhen lassen.

Ein Backblech mit Backpapier auslegen, den Backofen auf 200 Grad vorheizen.

Den Teig dünn ausrollen und in vier Dreiecke schneiden. Die Bananen schälen, jeweils auf ein Teigstück legen und von der spitzen Seite her einrollen. Die Schnittflächen gut andrücken.

Die Bananen im Schlafrock auf das vorbereitete Backblech setzen. Ca. 20—25 Minuten backen.

Avocado-Quark-Speise

---

2 Avocados · 1 EL Honig · 300 g Ricotta-Käse

150 ml süße Sahne · 2 EL Kokosflocken

Die Avocados schälen und entsteinen. Vier Avocadofilets auf die Seite legen. Das übrige Avocadofleisch mit einer Gabel oder einem Pürierstab zerkleinern. Den Honig mit dem Ricotta-Käse verrühren. Das pürierte Avocadofleisch und *einen* EL Kokosflocken dazugeben. Alles miteinander vermischen. Die Sahne steif schlagen und mit einem Lochrührlöffel unter die Creme heben. Die Creme in vier Schalen einfüllen. Mit jeweils einem Avocadofilet garnieren und dem *zweiten* EL Kokosflocken bestreuen.

Feigen-Joghurt-Eis

---

3 Becher Vollmilchjoghurt · 1 EL Honig

1 Eigelb · 1 EL heißes Wasser · 4 frische Feigen

Die Feigen jeweils in vier Teile schneiden. Das Fruchtfleisch herauslösen und mit dem Pürierstab zerkleinern. Joghurt und Honig miteinander verrühren, anschließend das Feigenfruchtfleisch dazugeben. Das Eigelb mit dem heißen Wasser schaumig schlagen und unter den Fruchtjoghurt rühren.* Am besten die Creme in eine Metallschale füllen und für 2—3 Stunden in den Tiefkühlschrank stellen. Während der ersten Stunde etwa alle 10 Minuten mit dem Schneebesen durchrühren.

---

* Falls eine Eismaschine vorhanden ist, die Creme 10 Minuten darin rühren. Danach die Eiscreme ½—1 Stunde tiefkühlen.

Zimteis

300 g Magerquark · 2 EL Buttermilch

1 EL Honig · 1 KL Zimt · 1 Msp Naturvanille

1 Becher süße Sahne

Den Quark mit Buttermilch, Honig, Zimt und Naturvanille verrühren, bis sich der Honig aufgelöst hat. Die Sahne steif schlagen
und unter die Quarkmasse heben.* In eine Metallschale füllen
und für 3–4 Stunden in den Tiefkühlschrank stellen. Während
der ersten Stunde ca. alle 10 Minuten mit dem Schneebesen durchrühren.

Bananeneis

3 Bananen · 300 g Kefir

1 Becher süße Sahne · 1 KL Honig

Die Bananen mit dem Mixstab pürieren. Den Kefir und den Honig dazugeben und alles gut miteinander verrühren. Die Sahne
steif schlagen und unter die Kefir-Bananen-Masse ziehen.* Die
Creme in eine Metallschale füllen und für 3–4 Stunden in den
Tiefkühlschrank stellen. Während der ersten Stunde etwa alle
10 Minuten mit dem Schneebesen umrühren.

* Falls eine Eismaschine vorhanden ist, die Creme darin 10 Minuten durchrühren. Danach noch ½–1 Stunde tiefkühlen.

Kokoseis

---

3 Becher Vollmilchjoghurt · 1 EL Honig

4 EL Kokosflocken · 2 EL Crème fraîche

Den Joghurt mit Honig, Kokosflocken und Crème fraîche in eine
Metallschale geben und mit dem Handrührgerät 2–3 Minuten
rühren.* Die Creme für 2–3 Stunden in den Tiefkühlschrank stellen. Während der ersten Stunde etwa alle 10 Minuten mit dem
Schneebesen durchrühren.

---

* Falls eine Eismaschine vorhanden ist, die Creme 10 Minuten durchrühren lassen. Danach noch ½–1 Stunde tiefkühlen.

Frischkost zur Eiweißmahlzeit

Siehe »Frischkost zur Kohlenhydratmahlzeit« und »Neutrale Salatsauce« auf Seite 143.

Kohlrabi-Feldsalat

1 kleine Zwiebel · 1 Becher Vollmilchjoghurt
1 KL Zitronensaft · 1 TL Kräutersalz
1 Spritzer flüssige Pflanzenwürze · 1 Kohlrabi
100 g Feldsalat · 1 säuerlicher Apfel · 1 EL Mandelblättchen

Die Zwiebel klein hacken. Aus Joghurt, der kleingehackten Zwiebel, Zitronensaft, Kräutersalz und Pflanzenwürze eine Salatsauce zubereiten.

Die inneren zarten Kohlrabiblätter abschneiden, mit dem Feldsalat zusammen waschen und schleudern. Die Kohlrabiblätter fein hacken. Den Kohlrabi erst in dünne Scheiben, dann in schmale Stifte schneiden. Den Apfel waschen und grob reiben. Mit den feingehackten Kohlrabiblättern, den Kohlrabistiften und dem Feldsalat zur Salatsauce geben. Alles miteinander vermischen. Mit Mandelblättchen bestreuen.

Chicoréesalat mit Orangen

1 EL Sonnenblumenöl (aus erster Pressung, unraffiniert)
2 EL Wasser · 1 KL Zitronensaft · 1 KL Balsam-Essig
1 TL Kräutersalz · 3 Orangen · 4 Stangen Chicorée
einige Blätter Zitronenmelisse · 5 Walnüsse

Aus Öl, Wasser, Zitronensaft, Balsam-Essig und Kräutersalz eine
Salatsauce herstellen.
Die Orangen schälen, die weiße Haut entfernen. Die Orangen-
schnitze einmal durchschneiden. Die Chicoréeblätter einzeln lösen, waschen, schleudern und in Stücke schneiden. Die Zitronenmelisse waschen. Die Blätter abzupfen und auf Küchenkrepp abtropfen lassen.
Chicorée mit Orangen und Salatsauce vermischen. Die Zitronen-
melisseblätter über dem Salat verteilen. Die Walnüsse grob hakken und darüberstreuen.

Eisbergsalat mit Gorgonzolasauce

50 g Gorgonzolakäse · 1 Becher Vollmilchjoghurt
1 KL Kräutersalz · 1 EL Balsam-Essig · 1 Eisbergsalat
einige Blätter Kerbel

Mit dem Mixstab oder einer Gabel den Gorgonzola mit dem Joghurt pürieren bzw. vermischen. Kräutersalz und Balsam-Essig
daruntermischen.
Den Eisbergsalat waschen, schleudern und klein rupfen. Den Kerbel waschen, die einzelnen Blätter abzupfen und zusammen mit
dem Eisbergsalat zur Salatsauce geben. Alles miteinander vermischen.

Zucchini-Tomaten-Salat

1 EL natives Olivenöl · 2 EL Wasser

2 KL Balsam-Essig · 1 KL Kräutersalz

1 Spritzer flüssige Pflanzenwürze · 1 Zwiebel

1 Knoblauchzehe · 8 Basilikumblätter

300 g Zucchini · 400 g Tomaten

Aus Olivenöl, Wasser, Balsam-Essig, Kräutersalz und Pflanzenwürze eine Salatsauce herstellen. Die Zwiebel und die Knoblauchzehe pellen. Die Zwiebel fein hacken und zur Salatsauce geben, die Knoblauchzehe dazupressen. Die Basilikumblätter waschen, ausschütten und klein schneiden.
Die Zucchini waschen, die Endstücke entfernen, die Zucchini in schmale Scheiben schneiden.
Die Tomaten waschen, den grünen Stiel heraustrennen, die Früchte in Stücke schneiden.
Zucchini- und Tomatenstücke sowie Basilikum mit der Salatsauce vermischen.

Grüner Salat

1 Becher Vollmilchjoghurt

1 KL Crème fraîche · 1 KL Balsam-Essig

1 TL Kräutersalz · 1 Msp Cayennepfeffer · 1 KL Dill

1 Bund Frühlingszwiebeln · 1 Salatgurke · 1 grüne Paprika

2 EL Rettichkeimlinge (siehe Seite 56)

Mit Joghurt, Crème fraîche, Balsam-Essig, Kräutersalz und Cayennepfeffer eine Salatsauce herstellen.

Den Dill waschen, trockenschwenken, klein schneiden und zur Seite legen. Die Frühlingszwiebeln waschen, ausschütteln und in feine Ringe schneiden. Die Salatgurke und die Paprika unter fließendem Wasser mit der Gemüsebürste waschen. Die Gurke in Scheiben schneiden. Die Paprika vierteln, den Strunk und die Kerne entfernen. Die Paprikaviertel in schmale Streifen schneiden. Das gesamte Gemüse, Dill und Rettichkeimlinge mit der Salatsauce vermischen.

Brokkoli-Möhren-Salat

1 Becher Vollmilchjoghurt
1 TL Balsam-Essig · 1 KL Kräutersalz
1 EL Mandeln · 1 EL gehackte Kräutermischung
800 g Brokkoli · 350 g Möhren

Aus Joghurt, Balsam-Essig und Kräutersalz eine Salatsauce herstellen.
Die Mandeln mit kochendem Wasser übergießen und 3–5 Minuten ziehen lassen. Die Schale abziehen. Die Mandeln halbieren und zur Seite legen.
Frische Kräuter waschen, schleudern und klein hacken. Es können auch tiefgefrorene Kräuter verwendet werden. Den Brokkoli waschen. Den Brokkolistrunk abschneiden, schälen und klein schneiden. Die Brokkoliröschen zerteilen. Die Möhren mit der Gemüsebürste unter fließendem Wasser waschen und reiben. Das vorbereitete Gemüse und die Kräuter mit der Salatsauce vermischen. Den Salat mit den Mandelhälften bestreuen.

Keimling-Rettichsalat

1½ Becher Vollmilchjoghurt
1 KL Crème fraîche · 1 KL Balsam-Essig
1 KL Kräutersalz · 1 Msp Cayennepfeffer
1 EL Linsenkeimlinge · 1 EL Mungobohnenkeimlinge
1 EL Rettichkeimlinge · 1 EL Sonnenblumenkeimlinge
1 EL Weizenkeimlinge · 1 EL Alfalfakeimlinge
1 Bund rote Rettiche · 1 Bund Schnittlauch

Aus Vollmilchjoghurt, Crème fraîche, Balsam-Essig, Kräutersalz
und Cayennepfeffer eine Salatsauce zubereiten.
Keimtabelle (siehe Seite 56) beachten. Linsen- und Mungobohn-
nenkeimlinge blanchieren und abtropfen lassen. Die anderen
Keimlinge werden unblanchiert verarbeitet.
Die Rettiche mit der Gemüsebürste unter fließendem Wasser abschrubben, dann fein raspeln. Schnittlauch waschen, schleudern
und in Röllchen schneiden. Alle Keimlinge mit dem Schnittlauch
und dem Rettich zur Salatsauce geben und miteinander vermischen.

Tomatensalat

1 EL natives Olivenöl · 2 EL Wasser
1 KL Kräutersalz · 1 KL Balsam-Essig
1 Spritzer flüssige Pflanzenwürze
2 Zwiebeln · 1 Knoblauchzehe
1 Bund glatte Petersilie · 1 kg Fleischtomaten
100 g Schafskäse

Aus Olivenöl, Wasser, Kräutersalz, Balsam-Essig und Pflanzenwürze eine Salatsauce herstellen.

Die Zwiebeln und die Knoblauchzehe schälen. Die Zwiebeln ganz fein hacken, den Knoblauch pressen. Die Petersilie waschen, schleudern und klein hacken. Zwiebeln, Knoblauch, Petersilie in die Salatsauce mischen.

Die Tomaten waschen und in Scheiben schneiden, dabei den grünen Stiel entfernen. Die Tomatenscheiben auf einer großen Platte (auch Kuchenplatte mit Rand) anrichten. Den Schafskäse mit Hilfe von 2 Gabeln zerpflücken und über die Tomatenscheiben verteilen. Mit einem Eßlöffel die Salatsauce darüberträufeln.

Sauerkrautsalat

600 g rohes Sauerkraut · 1 goldgelber Apfel
300 g kernlose blaue Weintrauben
1 EL Sonnenblumenöl (aus erster Pressung, unraffiniert)
2 EL Wasser · 1 KL Kräutersalz
1 KL Balsam-Essig · 1 KL Crème fraîche

Aus Sonnenblumenöl, Wasser, Balsam-Essig und Kräutersalz eine Salatsauce zubereiten.

Das Sauerkraut klein schneiden und mit einer Gabel lockern. Den Apfel und die Weintrauben waschen und abtropfen lassen. Die Weintrauben einmal in der Mitte durchschneiden und zum Kraut geben. Den Apfel vierteln. Das Kerngehäuse entfernen und den Apfel in dünne Scheiben schneiden. Alles mit der Salatsauce vermischen. Die Crème fraîche in die Mitte setzen und mit einer ganzen Weintraube garnieren.

Eiweißmahlzeiten, warm

GEMÜSEGERICHTE

Bunte Gemüseplatte

200 g Möhren · 400 g Erbsen (in der Schote 1200 g)
200 g Brokkoli · 1 Bund Kerbel · 100 ml Wasser
1 EL granulierte Gemüsebrühe
100 g Gorgonzola-Käse

Die Möhren unter fließendem Wasser mit einer Gemüsebürste säubern und in Scheiben schneiden. Die Erbsen aus der Schote palen. (Es können auch tiefgefrorene Erbsen verwendet werden). Den Brokkoli waschen und den Stiel in dünne Scheiben schneiden. Die Röschen teilen. Das Wasser mit der Gemüsebrühe und den Möhren zum Kochen bringen. Auf halber Stufe die Möhren ca. 3–4 Minuten dünsten. Erbsen und Brokkoli dazugeben und ca. 5 weitere Minuten dünsten. Den Kerbel waschen, schleudern und klein hacken. Gorgonzola und Kerbel mit einer Gabel zerdrücken. Herdplatte abstellen und die Kräuter-Käse-Mischung über das Gemüse verteilen. Das Gericht abgedeckt noch ca. 4 Minuten ziehen lassen.

Tomaten-Käse-Gericht

6 große Fleischtomaten · 1 Bund Basilikum
250 g Kräutertofu · 2 EL Sojasauce (Shoyu)
1 Msp Kräutersalz · 1 TL natives Olivenöl

Den Tofu in quadratische Stücke von ca. 6 cm schneiden, mit der Sojasauce beträufeln und 20 Minuten ziehen lassen. Die Stücke gelegentlich wenden.

Die Tomaten waschen, in dickere Scheiben schneiden, dabei den grünen Stiel entfernen. Das Basilikum waschen und schleudern. Einige ganze Blätter für die Garnitur zurückbehalten. Das restliche Basilikum klein hacken. Eine möglichst längliche Auflaufform mit dem Olivenöl einpinseln. Abwechselnd die Tomaten und Tofuscheiben in die Auflaufform schichten. Mit dem Kräutersalz bestreuen. Das Basilikum darüber verteilen.

Im vorgeheizten Backofen bei 200 Grad 15 Minuten backen. Den Auflauf mit den restlichen Basilikumblättern garnieren.

Überbackener Blumenkohl

1 Blumenkohl · 1/8 l Wasser
1 KL granulierte Gemüsebrühe · 1 TL natives Olivenöl
2 EL Sonnenblumenkeimlinge (siehe Seite 56)
50 g Walnüsse · 100 g mittelalter Gouda
1 ML Johannisbrotkernmehl (z. B. Biobin) · 1 KL süße Sahne

Die Blätter vom Blumenkohl lösen, die Röschen aufteilen und waschen. Die Blumenkohlröschen mit 1/8 l Wasser und der Gemüsebrühe zum Kochen bringen und auf halber Herdstufe ca. 5 Minuten dünsten.

Eine Auflaufform mit dem Olivenöl einpinseln. Die Blumenkohlröschen in die Auflaufform geben und mit den Sonnenblumenkeimlingen bestreuen. Die Gemüsebrühe mit Johannisbrotkernmehl (Biobin) binden und die süße Sahne einrühren. Den Käse klein schneiden und in der Sauce leicht schmelzen lassen. Die Käsesauce über den Blumenkohl ziehen. Die Walnüsse grob hacken und über den Auflauf streuen.

Im vorgeheizten Backofen bei 200 Grad ca. 15 Minuten überbacken.

Grüner Spargel

2 kg grüner Spargel · 1 l Wasser
1 Prise Vollmeersalz · 5 g Butterschmalz
60 g Parmesankäse · 1 Tomate

Den Spargel waschen und vom Kopf zum Ende hin schälen. Die holzigen Endstücke abschneiden. Das Wasser mit dem Salz und dem Spargel zum Kochen bringen. Bei mittlerer Herdeinstellung ca. 15–20 Minuten garen.

Eine längliche Auflaufform mit dem Butterschmalz einfetten, den Spargel einlegen und mit dem frisch gemahlenen Parmesankäse bestreuen.

Im vorgeheizten Backofen bei 200 Grad 15 Minuten backen. Die Tomate in feine Streifen schneiden, dabei den grünen Stielansatz entfernen. Den fertigen Spargel mit den Tomatenfilets garnieren.

Überbackener Rosenkohl

250 g Eßkastanien (Maronen)
1 l Wasser · 1,5 kg Rosenkohl · ¼ l Wasser
1 EL granulierte Gemüsebrühe · 1 Bund Petersilie
2 EL Azukibohnenkeimlinge (siehe Seite 56)
1 ML Johannisbrotkernmehl (z. B. Biobin)
1 TL süße Sahne · 1 TL Butterschmalz
100 g Appenzeller Schnittkäse

Die Maronen oben kreuzweise einschneiden und in 1 l kochendem Wasser 25 Minuten sieden. Nach und nach aus dem Wasser nehmen, die äußere Schale und die bittere innere braune Haut entfernen (geht am besten, solange die Kastanien noch heiß sind). Die Maronen grob hacken. Den Rosenkohl waschen, putzen und mit ⅛ l Wasser und Gemüsebrühe zum Kochen bringen. Das Gemüse bei mittlerer Hitze 8 Minuten dünsten. Den Rosenkohl mit einem Schaumlöffel herausnehmen, beiseite stellen. Die Petersilie waschen, schleudern und klein hacken. Die Azukibohnenkeimlinge blanchieren und abtropfen lassen. Eine Auflaufform mit dem Butterschmalz einfetten. Den Rosenkohl und die Azukibohnenkeimlinge mischen und in die Form geben. Die gehackten Maronenstücke darüber verteilen. Die Gemüsebrühe mit Johannisbrotkernmehl binden. Die kleingehackte Petersilie und die Sahne einrühren. Diese Sauce über das Gemüse verteilen.
Im vorgeheizten Backofen bei 200 Grad 15 Minuten backen. Den Käse klein schneiden, über den Auflauf streuen und weitere 10 Minuten backen.

Gebackene Maiskolben

8 Gemüsemaiskolben · 1 Bund gemischte Kräuter

1 EL Butter · 1 Knoblauchzehe

Die Maiskolbenblätter und -haare entfernen, waschen. Mit Küchenkrepp abtupfen. Ein Backblech mit Backpapier auslegen und die Maiskolben daraufflegen.
Die Kräuter waschen, schleudern und klein hacken.
Die Butter in einem Topf zum Schmelzen bringen, jedoch nicht erhitzen. Die Knoblauchzehe schälen und in die Butter pressen, die gehackten Kräuter ebenfalls zur Butter geben und alles miteinander vermischen. Die Maiskolben damit bepinseln.
Im vorgeheizten Ofen 20 Minuten bei 200 Grad backen.

Gefüllte Zwiebeln

4 große Gemüsezwiebeln · ⅛ l Wasser

1 KL + 1 EL granulierte Gemüsebrühe

1 Bund Basilikum · 400 g Champignons

4 EL Sonnenblumenkeimlinge (siehe Seite 56)

1 TL Paprikapulver · 4 Scheiben Mozzarellakäse

1 TL Butterschmalz · 4 Tomaten

1 KL Crème fraîche · 1 TL Kräutersalz

Die Zwiebeln pellen. Das Wasser mit 1 KL Gemüsebrühe zum Kochen bringen und die Zwiebeln bei mittlerer Hitze ca. 20 Minuten köcheln. Mit dem Schaumlöffel herausnehmen und abtropfen lassen. Den Stielansatz als Deckel abschneiden. Das Zwiebelinnere mit einem Löffel herausnehmen und fein hacken. Das

Basilikum waschen, schleudern und klein schneiden. Die Champignons waschen und grob hacken. Zwiebelwürfel, Champignonstücke, Sonnenblumenkeimlinge und ⅔ des Basilikums mit 1 EL Gemüsebrühe und dem Paprikapulver mischen. Die Zwiebeln damit füllen. Jeweils eine Scheibe Mozzarella obenauf legen. Den Deckel daraufsetzen.

Eine Auflaufform mit dem Butterschmalz einpinseln. Die Zwiebeln hineinsetzen und in den auf 200 Grad vorgeheizten Backofen stellen.

Anschließend die Tomaten waschen und in Stücke schneiden, dabei den grünen Stiel entfernen. Die Tomatenstücke mit dem Mixstab grob pürieren. Crème fraîche und Kräutersalz zufügen und alles miteinander vermischen.

Die Tomatencreme über die Zwiebeln in der Auflaufform ziehen und 20 Minuten im Backofen bei 200 Grad garen.

Auberginen-Auflauf

1 TL Butterschmalz · 1 kg Auberginen
1 gelbe Paprikaschote · einige Zweige Oregano
1 Zwiebel · 1 Knoblauchzehe · 1 EL natives Olivenöl
4 EL Linsenkeimlinge (siehe Seite 56)
1 EL Vollmilchjoghurt · 40 g Parmesan
1 TL Kräutersalz · 1 EL granulierte Gemüsebrühe

Eine längliche Auflaufform mit dem Butterschmalz einpinseln. Auberginen und Paprikaschoten waschen. Blütenansätze entfernen. Die Auberginen in Scheiben schneiden. Paprika in der Mitte teilen, den Stengel und die Kerne entfernen. Die Paprika in grobe Würfel schneiden.

Den Oregano waschen und schleudern. Die Blätter vom Stiel lösen und klein hacken. Die Zwiebel schälen und klein hacken, die Knoblauchzehe schälen.

In einer beschichteten Pfanne das Olivenöl erwärmen. Auf mittlerer Herdstufe die Auberginenscheiben von beiden Seiten kurz anbraten, dann herausnehmen. Die Hälfte der Auberginen in die Auflaufform schichten. Die Linsenkeimlinge blanchieren und abtropfen lassen.

In dem verbleibenden Fett in der Pfanne die Zwiebelstückchen und die gepreßte Knoblauchzehe glasig dünsten. Die Pfanne von der Herdstelle nehmen. Paprikawürfel, Linsenkeimlinge, Oregano, Joghurt, Kräutersalz und Gemüsebrühe dazugeben und alles miteinander vermischen. Über die Auberginen ziehen. Danach die restlichen Auberginen darüber verteilen und mit dem Parmesankäse bestreuen.

Im vorgeheizten Backofen bei 200 Grad ca. 30 Minuten backen.

Gefüllte Champignons

14 große Champignons · 2 Bund Petersilie
1 Zwiebel · 100 g Haselnüsse · 100 g Gorgonzola-Käse
1 EL granulierte Gemüsebrühe · ½ Zitrone
2 Becher Vollmilchjoghurt · 2 EL Crème fraîche

Die Champignons putzen und die Stiele herausdrehen. Zwei Champignons und alle Stiele grob hacken. Die Petersilie waschen, schleudern und klein hacken. Die Zwiebel schälen, fein hacken und in einer beschichteten Pfanne glasig dünsten. Die Herdplatte abstellen und die kleingehackten Champignons sowie die Petersilie dazugeben. Die Haselnüsse grob hacken und ebenfalls zufügen. Den Käse mit einer Gabel zerbröckeln und mit der Gemüsebrühe in die Pfanne geben. Alles miteinander vermischen. Die 12 Champignonköpfe mit der Mischung füllen.

Eine große Platte mit einem Fettpinsel ausstreichen. Die gefüllten Champignonköpfe daraufsetzen. Im vorgeheizten Backofen bei 200 Grad 10 Minuten backen.

In der Zwischenzeit die Zitronenhälfte auspressen. Den Joghurt mit der Crème fraîche und einigen Tropfen Zitronensaft mischen. Die kalte Sauce zu den gefüllten Champignons reichen.

Panierte Champignons

1 Bund Kerbel · 150 g Quark
1 Becher Vollmilchjoghurt · ½ Zitrone
1 kg Champignons · 1 KL Butterschmalz
3 EL Kokosraspeln · 1 Prise Vollmeersalz

Den Kerbel waschen, schleudern und klein hacken. Den Quark mit Joghurt, dem gehackten Kerbel sowie einigen Tropfen Zitronensaft verrühren.

Die Champignons waschen und in Scheiben schneiden. In einer großen beschichteten Pfanne das Butterschmalz erhitzen. Die Kokosraspeln auf einen großen, flachen Teller geben. Die Champignonscheiben darin panieren und in der Pfanne von jeder Seite 3—4 Minuten braten. Mit Salz würzen. Es empfiehlt sich, in 2 großen Pfannen gleichzeitig zu arbeiten.

Die Quark-Joghurt-Creme zu den panierten Champignons reichen.

Gefüllte Kohlrabi

8 Kohlrabi mit Blattgrün · ¼ l Wasser
1 EL granulierte Gemüsebrühe · 1 Bund Liebstöckel
1 Zwiebel · 100 g Mandeln · 2 TL Butterschmalz
1 Kugel Mozzarella (125 g) · 1 EL Schmand
1 TL Johannisbrotkernmehl

Die Kohlrabi waschen und das Blattgrün abschneiden. Die zarten Blätter klein hacken und zur Seite legen.
Das Wasser mit der Gemüsebrühe zum Kochen bringen und die Kohlrabi auf mittlerer Herdstufe ca. 30 Minuten garen. Die Kohlrabi herausnehmen, abkühlen und abtropfen lassen. Das obere Drittel der Knollen als Deckel abschneiden. Mit einem Löffel (Kiwilöffel) oder einem Messer aushöhlen. Das entnommene Gemüsefleisch klein hacken. Liebstöckel waschen, schleudern und fein hacken. Die Zwiebel schälen und klein würfeln. Die Mandeln hacken. In einer beschichteten Pfanne 1 TL Butterschmalz erwärmen, darin die Zwiebelwürfel glasig dünsten. Das Gemüse und die Kräuter dazugeben und abgedeckt ca. 2 Minuten dünsten. Die Pfanne von der Herdstelle nehmen, den gewürfelten Mozzarella und die Mandelstückchen unterrühren. Die Kohlrabi damit füllen. Die Deckel daraufsetzen. Den Schmand in die Gemüsebrühe rühren und mit dem Johannisbrotkernmehl binden. Eine Auflaufform mit dem zweiten TL Butterschmalz einfetten. Die gefüllten Kohlrabi hineinsetzen, die Sauce darüber verteilen. Im vorgeheizten Backofen bei 200 Grad 20 Minuten garen.

Möhren-Zucchini-Gratin

---

800 g Möhren · 600 g Zucchini · 5 EL Wasser

---

1 TL Butterschmalz · 1 Bund Petersilie

---

1 Becher Vollmilchjoghurt · 1 EL süße Sahne

---

1 Eigelb · 1 EL granulierte Gemüsebrühe

---

1 Prise frisch gemahlene Muskatnuß

---

100 g mittelalter Gouda · 50 g Haselnußblättchen

Die Möhren und die Zucchini unter fließendem Wasser mit der Gemüsebürste säubern. Die Möhren in schräge Scheiben schneiden und mit 5 EL Wasser zum Kochen bringen. Auf halbe Herdstufe zurückstellen und 5 Minuten dünsten.
Die Zucchini in Scheiben schneiden.
Eine runde Gratinform mit dem Butterschmalz einpinseln. Abwechselnd die Möhren- mit den Zucchinischeiben in die Gratinform schichten.
Die Petersilie waschen, schleudern und klein hacken. Joghurt mit Sahne, Petersilie, Eigelb, Gemüsebrühe sowie der frisch geriebenen Muskatnuß verquirlen und über das Gemüse ziehen. Mit dem geriebenen Käse bestreuen. Zum Schluß die Haselnußblättchen darüber verteilen.
Im vorgeheizten Backofen bei 200 Grad 20 Minuten backen.

Tofu mit Blattspinat

400 g Tofu · 2 EL Sojasauce (Shoyu)
1 Bund Petersilie · 1 TL Vollmeersalz
3 EL Mandelblättchen · 1 TL Butterschmalz
2 kg Blattspinat · 1 Zwiebel · 1 Knoblauchzehe
1 Prise Vollmeersalz · 1 EL granulierte Gemüsebrühe
1 EL Crème fraîche

Den Tofu mit der Gabel zerbröckeln. Die Sojasauce und das Salz darüber verteilen und ca. 20 Minuten ziehen lassen. Die Petersilie waschen, schleudern, klein hacken und darüberstreuen. Alles miteinander verkneten, mit feuchten Händen zu Bratlingen formen. Die Mandelblättchen auf einen Teller geben und die Tofubratlinge darin panieren. In einer beschichteten Pfanne das Butterschmalz erwärmen. Die Bratlinge bei mittlerer Hitze von beiden Seiten 2–3 Minuten darin braten.

Den Spinat waschen, die groben Stiele entfernen und in einem Sieb leicht abtropfen lassen. Nicht schleudern!

Die Zwiebel und Knoblauchzehe schälen. Die Zwiebel in feine Würfel schneiden. Die Knoblauchzehe pressen. Beides in einem Topf mit 1 EL Wasser glasig dünsten. Den Spinat mit der Prise Salz und der Gemüsebrühe zufügen. Abgedeckt bei mittlerer Hitze ca. 4–5 Minuten dünsten, bis der Spinat zusammengefallen ist. Die Crème fraîche darunterrühren. Den Spinat auf der abgeschalteten Herdplatte noch 2–3 Minuten ziehen lassen.

Tofuklößchen mit Kohlrabi und Möhren

200 g Tofu · 2 EL Sojasauce (Shoyu)
1 Bund Basilikum · 1 Eigelb · 1 EL Vollsojamehl
1 l Wasser · 2 KL granulierte Gemüsebrühe
4 Kohlrabi · 600 g Möhren · 8 EL Wasser
1 EL granulierte Gemüsebrühe
1 ML Johannisbrotkernmehl · 1 TL Butter

Den Tofu mit einer Gabel zerkrümeln, mit der Sojasauce beträufeln und ca. 20 Minuten ziehen lassen. Das Basilikum waschen, schleudern und klein hacken. $\frac{2}{3}$ davon zum Tofu geben. Das andere Drittel für das Gemüse zurückbehalten. Eigelb und Sojamehl mit dem Tofu vermischen. Mit feuchten Händen Klößchen daraus formen. Das Wasser mit der Gemüsebrühe aufkochen. Die Klößchen einlegen und bei schwacher Hitze ca. 10 Minuten halb abgedeckt ziehen lassen. Anschließend die Klößchen mit einem Schaumlöffel entnehmen und warm stellen.

Beim Kohlrabi die groben äußeren Blätter entfernen. Die inneren kleinen Blättchen waschen, das Wasser ausschütteln und die Kohlrabiblätter klein hacken. Den Kohlrabi schälen und in schmale Streifen schneiden. Die Möhren mit der Gemüsebürste unter fließendem Wasser säubern und in dünne Scheiben schneiden. Die Möhren mit dem Kohlrabi, den 8 EL Wasser und der Gemüsebrühe zum Kochen bringen. Die Herdplatte auf halbe Stufe zurückstellen. Das Gemüse ca. 4–5 Minuten dünsten, mit einem Schaumlöffel herausnehmen, in eine Schüssel geben und warm stellen. Die Gemüsebrühe mit dem Johannisbrotkernmehl binden. Das restliche Basilikum, die Kohlrabiblättchen und die Butter in die Sauce rühren. Die Tofuklößchen zum Gemüse geben. Die Sauce nochmals umrühren und über Kohlrabi und Klöß-chen verteilen.

Mangold-Tofu-Rouladen

200 g Tofu · 2 EL Sojasauce (Shoyu)
1 kg Mangold · 2 l Wasser · 1 Prise Vollmeersalz
2 EL Mandeln · 2 Zwiebeln · 100 g Ricotta-Frischkäse
1 EL Crème fraîche · 1 EL granulierte Gemüsebrühe
1 TL Butterschmalz · 1 EL Mandelblättchen

Tofu mit einer Gabel zerbröseln, mit der Sojasauce beträufeln und ca. 20 Minuten marinieren.

Den Mangold waschen, abtropfen lassen und die harten Rippen entfernen. Die Mangoldblätter mit den 2 l sprudelnd kochendem Salzwasser übergießen und abgedeckt ca. 1 Minute ziehen lassen. Die Mangoldblätter mit einem Schaumlöffel herausnehmen und zum Abtropfen auf ein Sieb geben. Acht Mangoldblätter zur Seite legen. Die restlichen Mangoldblätter klein hacken, ebenso die Mandeln. Die Zwiebeln schälen und klein würfeln. Zwiebelstück-chen, Mangold, Ricotta, Crème fraîche und Gemüsebrühe zum Tofu geben und alles miteinander verkneten. Jeweils 2 Mangold-blätter zusammenlegen. Dann die Füllung portionsweise darauf verteilen. Den Mangold zu Rouladen zusammenrollen und mit einem Holzstäbchen fixieren. Eine Auflaufform mit Butterschmalz einfetten. Die Mangoldrouladen hineinsetzen und mit Mandel-blättchen bestreuen.

Im vorgeheizten Backofen bei 200 Grad etwa 30 Minuten backen.

Tofu-Gemüse-Bratlinge

200 g Tofu · 1 EL Sojasauce (Shoyu)
1 kg Zucchini · 4 Möhren · ½ Knolle Sellerie
1 Bund Petersilie · 1 Zwiebel · 1 Knoblauchzehe
1 Eigelb · 1 EL Vollsojamehl
1 EL granulierte Gemüsebrühe · 1 TL Kräutersalz
1 Msp Currypulver · 1 KL Butterschmalz

Den Tofu mit einer Gabel zerdrücken, mit der Sojasauce beträufeln und ca. 20 Minuten marinieren.

Die Zucchini und die Möhren unter fließendem Wasser mit der Gemüsebürste säubern. Das Selleriegrün abschneiden, waschen, schleudern und die Blätter hacken. Die Petersilie waschen, trockenschwenken und klein hacken. Den Sellerie schälen. Die Zwiebel und die Knoblauchzehe schälen. Die Zwiebel mit dem Sellerie, der Zucchini und den Möhren mit der Küchenmaschine sehr fein reiben. Die Knoblauchzehe direkt zum Gemüse pressen. Tofu, Eigelb, Sojamehl, Gemüsebrühe, Salz und Currypulver zufügen und alles miteinander verkneten. Mit feuchten Händen 12 gleich große Bratlinge daraus formen.

In einer beschichteten Pfanne das Butterschmalz erwärmen und die Laibchen auf mittlerer Herdstufe von beiden Seiten jeweils 5 Minuten braten.

Tofu-Paprika

---

200 g Tofu · 2 EL Sojasauce (Shoyu)

---

4 rote, 2 grüne und 2 gelbe Paprikaschoten

---

1 rote Peperoni · 2 Zwiebeln · 1 Knoblauchzehe

---

1 Bund gemischte Kräuter · 12 Walnüsse

---

1 EL granulierte Gemüsebrühe · 1 TL Paprikapulver

---

80 g Roquefort-Käse · 1 TL Butterschmalz

Den Tofu mit einer Gabel zerdrücken, mit der Sojasauce beträufeln und ca. 20 Minuten marinieren.

Die Paprikaschoten und die Peperoni waschen, längs aufschneiden. Bei den roten Schoten nur die Kerne entfernen und die Paprikaschoten zum späteren Füllen zur Seite legen. Bei den übrigen Schoten und der Peperoni die Kerne sowie die Blütenstengel entfernen. Diese Schoten sehr klein hacken. Die Zwiebeln und die Knoblauchzehe schälen. Die Zwiebeln sehr fein hacken und den Knoblauch pressen. Die Kräuter waschen, schleudern und klein hacken. Die Walnüsse grob hacken. Die kleingehackten Schoten, Zwiebel, Knoblauch, Kräuter, Walnüsse und Tofu mit der Gemüsebrühe und Paprikapulver mischen und durchkneten. Mit dieser Masse die roten Paprikaschoten füllen. Den Roquefort gleichmäßig auf die gefüllten Paprikaschoten verteilen.

Eine Auflaufform mit dem Butterschmalz einpinseln. Die gefüllten Paprikaschoten im vorgeheizten Backofen 30 Minuten bei 200 Grad backen.

Nachspeisen zur Eiweißmahlzeit

Bitte beachten Sie auch hier: Zum Abschmecken nur einen *sauberen* Löffel benutzen (siehe Seite 184).

Nuß-Äpfel mit Vanille-Joghurt-Sauce

Für 8 Personen:
etwas Kokosfett · 3 Eier · 2 KL Honig
½ Becher süße Sahne · 1 Msp Zimt
½ Becher Vollmilchjoghurt
4 Äpfel · 40 g Walnüsse

Eine Quicheform mit einem Kokosfettpinsel ausstreichen. Die Eier trennen. Eiweiß zu steifem Schnee schlagen. Das Eiweiß ist fest genug, wenn die Eiweißmasse beim Drehen der Schüssel nicht herausrutscht. Das Eigelb mit Honig, Sahne, Zimt und Joghurt mischen.

Die Äpfel unter fließendem Wasser mit der Gemüsebürste säubern, das Kerngehäuse entfernen. Die Äpfel in Scheiben schneiden. Die Apfelscheiben in die vorbereitete Form schichten. Die Walnüsse grob hacken und über die Apfelscheiben verteilen. Den Eischnee mit einem Lochrührlöffel unter die Joghurt-Sahne-Creme heben und über die Äpfel ziehen.

Das Ganze im vorgeheizten Backofen bei 180 Grad 45 Minuten backen.

---

2 Becher Vollmilchjoghurt

1 Becher süße Sahne · 1 TL Naturvanille

Die Sahne steif schlagen. Die Joghurts in einer Schüssel mit der Vanille verrühren. Die steifgeschlagene Sahne mit dem Lochrührlöffel unterheben. Diese Creme zu den noch warmen Nuß-Apfel-Stücken servieren.

Trierer Joghurtcreme

---

250 g blaue Weintrauben · 1 Becher süße Sahne

3 Becher Vollmilchjoghurt · 1 KL Zitronensaft

1 EL Honig · 100 ml Wasser · 1 EL Agar-Agar

Die Weintrauben waschen und abtropfen lassen.

Die Sahne steif schlagen. Den Vollmilchjoghurt mit Zitronensaft und Honig verquirlen. Das Wasser mit dem Agar-Agar verrühren und kurz aufkochen. Das leicht abgekühlte Agar-Agar tropfenweise in die Joghurtcreme einrühren. Anschließend die steifgeschlagene Sahne und die Weintrauben mit dem Lochrührlöffel unterheben. Die Creme auf vier Schalen verteilen und für 2 bis 3 Stunden in den Kühlschrank stellen.

Mango-Quark

---

2 reife Mangos · 1 Becher süße Sahne

500 g Magerquark · 3 EL Wasser · 1 EL Honig

2 EL Kokosflocken

Die Mangos schälen und vom Stein lösen. Das Fruchtfleisch klein schneiden. Die Sahne steif schlagen. Den Quark, das Wasser und den Honig mit dem Handrührgerät aufschlagen. Die steifgeschlagene Sahne und die Früchte unterheben. Das Ganze auf vier Schalen verteilen. Die Kokosflocken in einer beschichteten Pfanne anrösten. Nach dem Abkühlen die Kokosflocken über die Speise streuen.

Joghurtgelee mit Orangen

---

100 ml süße Sahne · 2 Becher Vollmilchjoghurt

100 ml Crème fraîche · 2 EL Honig

Saft von ½ Zitrone · 1½ EL Agar-Agar

150 ml Wasser · 25 g Pistazien · 2 Orangen

Die Sahne steif schlagen. Den Vollmilchjoghurt mit Crème fraîche, Honig und dem Zitronensaft verrühren. Das Agar-Agar mit dem Wasser verrühren und kurz aufkochen. Leicht abkühlen lassen und das Agar-Agar tropfenweise in die Joghurtcreme rühren. Mit einem Lochrührlöffel die steifgeschlagene Sahne unterheben. Das Ganze in eine rechteckige Form füllen. Für drei bis vier Stunden in den Kühlschrank stellen, bis die Creme schnittfest ist. Die Pistazien grob hacken. Die Orangen schälen, dabei die weiße Haut entfernen. Die Frucht filetieren. Die feste Creme in

Scheiben schneiden und auf jeden Teller zwei davon geben. Mit den Orangenfilets garnieren und den gehackten Pistazien bestreuen.

Elsässischer Quarkschaum

4 Eiweiß · 250 g Magerquark · 1 EL Honig

Saft von ½ Zitrone · 1 Becher süße Sahne

1 TL Naturvanille

Das Eiweiß steif schlagen und kalt stellen. Den Magerquark mit dem Handrührgerät aufschlagen, den Honig und den Zitronensaft unterrühren. Die Sahne mit der Vanille steif schlagen. Das Eiweiß und die steifgeschlagene Sahne mit einem Lochrührlöffel unter die Quarkmasse heben. Der Quark-Schaum sollte nicht länger als eine Stunde vor dem Verzehr zubereitet werden, da er sonst Flüssigkeit zieht.

Brombeerschaum

100 ml süße Sahne · 3 Eiweiß

500 g Brombeeren · 1 EL Honig

1 Becher Dickmilch (500 ml) · 1 EL Zitronensaft

1 EL Agar-Agar · 100 ml Wasser

Die Sahne steif schlagen und kalt stellen. Ebenso das Eiweiß. Die Brombeeren waschen und abtropfen lassen. Ein Drittel davon beiseite legen. Die restlichen Brombeeren mit dem Pürierstab zerkleinern und mit dem Honig verrühren. Die Dickmilch und den Zitronensaft zu den pürierten Brombeeren geben und alles miteinander vermischen. Das Agar-Agar mit dem Wasser verrühren und unter Rühren kurz aufkochen. Das leicht abgekühlte Agar-Agar tropfenweise unter die Dickmilch rühren. Den Eischnee und die steifgeschlagene Sahne mit dem Lochrührlöffel vorsichtig unter die Creme ziehen. Diese in vier Schalen füllen und für 1 Stunde in den Kühlschrank stellen. Kurz vor dem Servieren mit den ganzen Brombeeren garnieren.

Beerensalat mit Ricotta-Creme

Für 6 Personen:
200 g Erdbeeren · 200 g Himbeeren
200 g Brombeeren · 200 g schwarze Johannisbeeren
300 g Ricotta-Käse · 4 EL Wasser · 1 EL Zitronensaft
1 Msp Naturvanille · 1 EL Mandelblättchen

Die Beeren waschen, putzen und abtropfen lassen. Die Erdbeeren einmal in der Mitte durchschneiden. Ricotta, Wasser, Zitronensaft und Vanille mit dem Handrührgerät kräftig aufschlagen. Das Beerenobst mit einem Löffel vorsichtig unterheben. Die Creme in 4 Schalen aufteilen. Die Mandelblättchen in einer beschichteten Pfanne goldgelb rösten. Nach kurzem Abkühlen über die Creme streuen.

Pfirsich-Mascarpone-Creme

500 g Pfirsiche · 250 g Mascarpone-Frischkäse
250 g Magerquark · 2 EL Wasser · 1 EL Honig · 1 Eigelb

Die vollreifen Pfirsiche waschen. In der Mitte teilen und dabei den Stein entfernen. Einen Pfirsich in dünne Scheiben schneiden. Die anderen Pfirsiche schälen und mit dem Pürierstab zerkleinern. Mascarpone, Quark, Wasser, Honig, Eigelb und die pürierten Pfirsiche mit dem Handrührgerät verrühren. Die Creme in vier Schalen füllen und mit den Pfirsichfiletstückchen garnieren.

Tofu-Bratäpfel

etwas Kokosfett · 4 mittelgroße Äpfel
2 EL Zitronensaft · 2 EL Mandeln · 2 EL Walnüsse
1 EL Pinienkerne · 100 g Tofu · 1 EL Honig

Eine feuerfeste Form mit einem Kokosfettpinsel ausstreichen. Die Äpfel mit der Bürste unter fließendem Wasser waschen. Mit einem Ausstecher das Kerngehäuse entfernen und die Äpfel innen aushöhlen. Mit dem Zitronensaft das Apfelinnere beträufeln. Mandeln, Walnüsse und Pinienkerne grob hacken. Den Tofu mit einer Gabel zerdrücken. Die gehackten Nüsse und den Honig unterarbeiten. Diese Masse in die Äpfel füllen. Die gefüllten Äpfel in die vorbereitete Form setzen. Im vorgeheizten Backofen bei 200 Grad ca. 15 Minuten backen.

Tofu-Pflaumen-Eis

---

150 g Tofu · 150 ml Dickmilch · 1 EL Honig

---

250 g Pflaumen · 3 EL Wasser · 1 Msp Zimt

Die Pflaumen waschen und entsteinen, mit dem Wasser und der Msp Zimt bei mittlerer Hitze ca. 4 Minuten köcheln. Dabei gelegentlich umrühren. Tofu, Dickmilch und Honig mit dem Handrührgerät glattrühren. Die gegarten Zimt-Pflaumen dazugeben und alles kräftig miteinander verrühren.* In eine Metallschale füllen und für 2–3 Stunden in den Tiefkühlschrank stellen. Während der ersten Stunde etwa alle 10 Minuten mit dem Schneebesen durchrühren.

Cassis-Joghurt-Eis

---

3 Becher Vollmilchjoghurt

---

1 EL Honig · 1 Eigelb · 300 g schwarze Johannisbeeren

Die Johannisbeeren waschen und abtropfen lassen, mit einem Pürierstab zerkleinern. Joghurt, Honig und Eigelb dazugeben. Das Ganze mit dem Handrührgerät 2–3 Minuten kräftig aufschlagen.* In eine Metallschale füllen und für 2–3 Stunden in den Tiefkühlschrank stellen. Während der ersten Stunde etwa alle 10 Minuten mit dem Schneebesen durchrühren.

---

* Falls vorhanden, die Creme 10 Minuten in einer Eismaschine rühren lassen. Danach noch ½ bis 1 Stunde tiefkühlen.

Praktische Helfer
in der Küche

Um Ihnen die Ernährungsumstellung zu erleichtern, hier eine Aufstellung von Geräten, die Ihnen etwas Arbeit abnehmen. Falls sie in Ihrem Haushalt noch fehlen, so sollten Sie diese nach und nach anschaffen.

- 1 Salatschleuder
- 1 Knoblauchpresse
- 1 Gemüsebürste
- 1 Lochrührlöffel
- 2—3 Gummischaber
- 1 Edelstahl-Spitzsieb
- 1—3 Sprossengläser oder 1 Keimgerät aus dem Reformhaus
- 1 Küchenmaschine, eventuell mit Getreidemühlenaufsatz. Zu fast allen Küchenmaschinen gibt es als Zubehör einen Getreidemühlenaufsatz
- oder 1 Getreidemühle
- 1 Flockenquetsche
- eventuell Töpfe, in denen ohne Fett- und Wasserzugabe gegart werden kann.
- 1 Tiefkühlschrank bzw. ein größeres Tiefkühlfach

Trennkost als Diät?

Immer wieder werde ich gefragt, ob durch die Trennkost rasch ein paar Kilo Körpergewicht reduziert werden können? Sicher, das ist mit der Hayschen Trennkost möglich, sofern alle Empfehlungen dieser Ernährungsform angewandt werden:

- 70 % der täglichen Nahrung soll aus Obst und Gemüse bestehen, die Hälfte in roher Form,
- Trennen der konzentrierten Kohlenhydrate von den konzentrierten Eiweißen innerhalb einer Mahlzeit,
- fettarme und schonende Zubereitung der Speisen,
- 20-30mal Kauen je Bissen,
- 2–3 l Flüssigkeit am Tag, und das in Form von Mineralwasser, Kräuter- und Früchtetees,
- einschließlich körperlicher Betätigung.

Aber was ist danach? Kehren Sie anschließend zu Ihrem bisherigen Eßverhalten zurück, so stellen sich mit Sicherheit nicht nur die abgenommenen Kilos wieder ein, sondern es gesellen sich erfahrungsgemäß noch 1–2 Pfunde hinzu. Das hängt mit dem Hungerstoffwechsel zusammen. Nicht immer lebten wir im Ernährungsschlaraffenland. Um in Notzeiten zu überleben, drosselt der Körper den Grundumsatz, wodurch Energie eingespart wird. Das führt zu Gewichtsverlust. Nach einiger Zeit kommt unser Körper mit weniger Energie = Nahrung aus. Das bedeutet bei sich wiederholenden Diäten, daß die Gewichtsabnahme sich verlangsamt. Sobald wir mit »normalem« Essen beginnen, nehmen wir wieder zu. Da unser Körper gut für Notzeiten (Diäten) trainiert ist, nehmen wir meist mehr zu, als wir zuvor abgenommen haben.

So ist es zu erklären, daß viele Menschen oft über Jahrzehnte hinweg damit beschäftigt sind, wiederholt dieselben 5-10 kg an Körpergewicht abzunehmen, ohne daß sich etwas zum Positiven verändert.

Ganz im Gegenteil: bei diesen sich wiederholenden Niederlagen leidet unser Selbstwertgefühl. Ein Teil von Eßverhaltensstörungen werden durch Diätstreß erst ausgelöst.

Werden Sie sich klar darüber, daß Sie sich jahrzehntelang täglich ernähren müssen, sollen und auch dürfen. Daß Sie in Urlaub fahren, daß Familienfeste und andere Feiern stattfinden.

In Anbetracht dieser Tatsache ist die Erkenntnis eindeutig:

Diäten sind nicht der Weg zur *dauerhaften* Gewichtsreduktion.

Machen Sie Schluß mit dem Diätstreß! Sie leben hier und heute und nicht erst, wenn sie jene Kilos abgenommen haben, die Sie seit langem schon abnehmen wollen.

Vertrauen Sie sich und Ihrem Leben. Übernehmen Sie Eigenverantwortung für sich und Ihr Wohlbefinden.

Stellen Sie Ihre Eßgewohnheiten auf eine gesunde, natürliche Trennkost um. Nur damit werden Sie Ihr Körpergewicht *dauerhaft* reduzieren. Nehmen Sie mit Lust und Laune am Leben teil.

Ich wünsche Ihnen viel Glück und Erfolg!

Erläuterungen

Agar-Agar: Geliermittel aus Meeresalgen. Es handelt sich um ein rein pflanzliches Produkt, das damit purinfrei, also ohne tierisches Eiweiß ist.

Amaranth: Eine der ältesten, sehr vitamin- und mineralstoffreichen Getreidearten aus Mittelamerika; wird heute vorwiegend in Mexiko angebaut.

Biobin: Bindemittel aus Johannisbrotkernmehl, purinfrei, zu Eiweiß und Kohlenhydraten verwendbar.

Brottrunk: Säuerungsmittel, zu allen Frischkostarten zu verwenden.

Butter: Das natürlichste tierische Fett. Eignet sich vor allem als Streichfett und zum Backen von Kuchen und Gebäck.

Carob: Wird aus Johannisbrotkernmehl gewonnen und gilt als Alternative zu Kakao.

Dreier-Reis-Mischung: Enthält Naturreis, roten Camargue-Reis und Wilden Reis, eine nordamerikanische Wildgetreide-Art.

Fettpinsel: Ein mit Kokosfett getränkter Pinsel zum Ausstreichen von Pfannen und Kuchenformen sowie Backblechen.

Frischkost:	Damit ist immer Salat gemeint, bestehend aus Blattsalaten, rohem Gemüse, eventuell auch mit frischem Obst kombiniert.
Gemüse:	250–450 g pro Person je Mahlzeit kalkulieren.
Gemüse-brühwürfel:	Würze für Suppen und Eintöpfe, ohne gehärtete Fette.
Gemüsebürste:	Zum Säubern von Gemüse.
Granulierte Gemüsebrühe:	Zum Würzen vieler Speisen; da granuliert, leicht zu dosieren.
Honig:	Das natürlichste Süßungsmittel. Auf die Bezeichnung »nicht wärmebehandelt« achten.
Joghurt:	Immer Vollmilchjoghurt verwenden.
Johannisbrot-kernmehl:	Pflanzliches Bindemittel, zu Eiweiß und Kohlenhydraten verwendbar.
Kakao:	Auf ungeschwefelte Kakaobohnen achten. Nur sehr wenig und sparsam verwenden. Da Kakao koffein- und theobrominhaltig ist, zählt er zu den Säurebildnern und ist daher als Getränk nicht zu empfehlen.
Knoblauch:	Am einfachsten drückt man ihn geschält durch eine Presse. Wird ein milderer Geschmack gewünscht, so reibt man die Schüssel mit einer halbierten Knoblauchzehe aus.
Kokosfett:	Immer ungehärtetes verwenden! Es eignet sich zum Braten und Einfetten von Backformen und -blechen.
Knoblauch-butter:	Dazu zimmerwarme Butter mit frisch gepreßtem Knoblauch verkneten. In Scheiben schneiden und einfrieren.

Kräuter:	Entweder frisch, getrocknet oder tiefgekühlt verwenden.
Kräuterbutter:	100 g Butter mit 1 EL gehackten Kräutern verkneten (siehe auch Knoblauchbutter, die speziell mit Schnittlauchröllchen vermischt wunderbar schmeckt).
Kräutersalz:	Auf der Basis von Vollmeersalz; eignet sich hervorragend zum Würzen von Salaten, Gemüse und Quark.
Kuzu:	Pflanzliches Bindemittel. Zu Eiweiß und Kohlenhydraten verwendbar.
Leinsamen:	»Goldsamen« enthält die meisten Inhaltsstoffe; sollte nicht geschrotet, sondern eingeweicht verwendet werden.
Margarine:	Auf die Beschriftung »ungehärtet« achten!
Mehl:	Nur Vollkornmehl verwenden!
Molke-Kwass:	Säuerungsmittel, zu allen Frischkostarten verwendbar.
Molkosan:	Säuerungsmittel, zu sämtlichen Frischkostarten zu verwenden.
Müsli:	Als Basenmahlzeit am Morgen immer zu empfehlen. Selbst zubereiten, keine Fertigprodukte verwenden!
Naturvanille:	Da das Arbeiten mit der Vanilleschote relativ aufwendig ist, empfehle ich gemahlene 100 %-Bourbon-Vanille.
Nudeln:	Vollkornnudeln ohne Ei verwenden.
Öl:	Auf die Bezeichnung »Aus erster Pressung, unraffiniert« achten!

Pflanzenwürze flüssig:	Purinfreie Würze.
Quark:	Während der Abnahme Magerquark, später kann auch 20 %iger Quark verwendet werden.
Quinoa:	Nährstoffreiche Getreideart, einstmals Grundnahrungsmittel der Inkas, heute vor allem in den Anden angebaut.
Reis:	Nur Naturreis verwenden!
Ricotta:	Köstlicher quarkähnlicher italienischer Frischkäse.
Rosinen:	Darauf achten, das es sich um ungeschwefelte handelt.
Sahnetupfer:	Sahne steif schlagen. In eine Spritztülle füllen und auf Backpapier Tupfer spritzen, dann einfrieren. Die Sahnetupfer können bei Bedarf einzeln entnommen und verwendet werden.
Salat schleudern:	Mit Hilfe einer Salatschleuder das Wasser entfernen, wodurch der angemachte Salat intensiver schmeckt.
Salz:	Vollmeersalz sparsam verwenden.
Shoyu:	Ungesüßte Sojasauce.
Suppen:	Spielen in der Trennkost eine untergeordnete Rolle und werden selten gereicht. Auf jeden Fall sollte immer die Frischkost vor der Suppe gegessen werden.
Tofu:	Eiweißhaltiger Sojabohnenquark von völlig neutralem Geschmack. Läßt sich vielfältig verwenden.

Vollsojamehl: Wird aus der gelben Sojabohne gewonnen; enthält viel Eiweiß, Fett, Mineralstoffe und Vitamine. Immer auf die Bezeichnung »Vollsojamehl« achten und keine entfetteten Produkte kaufen.

Alle Nahrungsmittel, die Sie in den normalen Lebensmittelgeschäften nicht erhalten, finden Sie im Naturkostladen oder im Reformhaus.

Literaturhinweis:

Von Koerber/Männle/Leitzmann:
*Vollwert-Ernährung. Konzept einer
zeitgemäßen Ernährungsweise.*
Haug Verlag, Heidelberg

UGB-Forum 1/90 – 4/94, Verband für
Unabhängige Gesundheitsberatung, Gießen

Register nach Sachgruppen

REZEPTE ZUM EINSTIEG IN
DIE TRENNKOST

Apfeljoghurt 79
Bananendickmilch 96
Bananen-Knäckebrote 100
Bananen-Kokos-Quarkspeise 87
Bananen-Walnuß-Brötchen 110
Birnenmüsli 72
Brokkoli mit Käsekruste 93
Brombeermüsli mit Quark 83
Butterbrote mit gefüllten
    Tomaten 94
Champignon-Nudeln 76
Edelpilzkäse-Gurken-Brote 80
Feigenmüsli 78
Frischkäsebrötchen 83
Frischkäsebrötchen mit Gurke 89
Frischkäsebrote 102
Frischkäse-Tomaten-Brote 106
Frischkäsenudeln 107
Frischkäse-Walnuß-Brote 85
Gebackene Selleriescheiben mit
    Tomatensauce 99
Gebackener Schafskäse mit
    Paprikagemüse 101
Gefüllte Paprika 90
Gefüllte Zucchini 73
Gemüsesuppe 96
Hafer-Dickmilch-Müsli 95
Handkäsebrötchen 105
Johannisbeermüsli 98
Käsebrote mit Zwiebel 91
Kohlrabigemüse mit Mandel-
    tofu 109

Kokos-Joghurt 104
Kokos-Tofuscheibe mit Gemüse
    79
Kräuterpfannkuchen 87
Kresse-Käse-Brötchen 100
Melonenmüsli 86
Nektarinenmüsli 108
Pellkartoffeln mit Kräuterquark
    82
Pflaumenmüsli 75
Quarkmüsli mit Kiwi 103
Radieschenbrote 74
Ratatouille 84
Schafskäsebrötchen, gebacken 97
Schnittlauchbrote 88
Spätzle-Käse-Gemüse-Pfanne
    104
Stachelbeermüsli mit Hütten-
    käse 92
Tomaten-Mozzarella-Brote 77
Tomatensauce, kalt 99
Traubenmüsli mit Hüttenkäse 81
Vanillejoghurt 82
Ziegenkäsebrote 108
Zimtjoghurt 76

FRÜHSTÜCKSIDEEN

Müsli

Buttermilch-Mirabellen-Müsli
    117
Dickmilch-Ananas-Müsli 120
Dickmilch-Johannisbeer-Müsli
    116

Frischkäse-Erdbeer-Müsli 115
Hüttenkäse-Kiwi-Müsli 118
Joghurt-Grapefruit-Müsli 120
Joghurt-Stachelbeer-Müsli 118
Kefir-Aprikosen-Müsli 116
Kefir-Kirschen-Müsli 119
Quark-Apfelsinen-Müsli 119
Quark-Netzmelonen-Müsli
    117

Frischkornmüsli

Aprikosen-Hafer-Müsli 122
Birnen-Joghurt-Müsli 126
Dinkel-Bananen-Müsli 123
Dinkel-Feigen-Müsli 122
Dinkel-Heidelbeer-Müsli 123
Gerste-Bananen-Müsli 125
Gerstenmüsli 125
Hafer-Ananas-Müsli 121
Hafer-Heidelbeer-Müsli 121
Weizenflocken-Heidelbeer-
    Müsli 124
Weizen-Pflaumen-Müsli 124
Zweikornmüsli 126

Pikante Müsli

Dinkelkeim-Müsli 128
Gurkenmüsli 127
Möhrenmüsli 128
Zucchinimüsli 127

KOHLENHYDRAT-
MAHLZEITEN, KALT

Austernpilz-Nudelsalat 138
Bauernsalat 133
Brokkoli-Nudel-Salat 137
Bunter Salat 141

Erbsen-Reis-Salat 139
Französisches Baguette 120
Gefüllte Paprika 131
Kartoffelsalat 134
Nudel-Paprika-Salat 136
Paprika-Obatzter 129
Portulak-Quark-Brot 129
Spargelsalat 132
Topinambur-Salat 135
Weizensalat 140
Wildreis-Salat 140
Zucchini-Käse-Creme 131
Zuckerschotensalat 132

FRISCHKOST ZUR
KOHLENHYDRATMAHLZEIT

Avocado-Möhren-Salat 147
Brokkolisalat 153
Bunter Paprikasalat 148
Bunter Sommersalat 144
Chinakohlsalat 154
Eisbergsalat mit Champignons
    148
Feldsalat mit Knoblauch-
    Croûtons 145
Fenchel-Radicchio-Salat 150
Herbstlicher Rotkohlsalat 146
Kohlrabi-Möhren-Salat 146
Lauchsalat 152
Löwenzahnsalat mit Croûtons
    149
Sommersalat 152
Spinatsalat mit Radieschen
    151
Staudenselleriesalat 151
Tomatensalat 153
Weißkohlsalat 150
Zucchinisalat 145

KOHLENHYDRAT-
MAHLZEITEN, WARM

Gemüsegerichte

Bratkartoffeln 159
Folienkartoffeln mit Quark-
Schmand-Füllung 156
Kartoffel-Sauerkraut-Auflauf 158
Pfälzer Rahmkartoffeln 156
Schneebällchen mit Rahmpfiffer-
lingen 157
Semmelknödel mit Mischpilzen
160
Topinambur-Lauch-Auflauf 159
Zucchini-Kartoffel-Gratin 155

Getreidegerichte

Amaranth-Gemüse-Pfanne 164
Buchweizen-Paprika 165
Dinkel-Gemüse-Eintopf 166
Grünkern-Gemüse-Auflauf 168
Hafer-Erbsen-Curry 169
Hirse-Lauch-Auflauf 170
Quinoa-Blumenkohl 171
Reisauflauf mit Gemüse 172
Roggen-Rotkohl-Rouladen 174
Weizen-Pilz-Pfanne 175
Wildreis-Risotto 173
Wirsing-Gersten-Rouladen
167

Nudelgerichte

Bandnudeln mit Edelpilz-
Käsesauce 183
Champignon-Bandnudeln 180
Gemüsenudeln 182
Kräuter-Sahne-Nudeln 181
Nudeln mit Gemüsesauce 179

Nudeln ohne Ei aus eigener
Herstellung 176
Nußspätzle mit Mangold 178
Pesto-Bandnudeln 180
Pilz-Bandnudeln 177

NACHSPEISEN ZUR
KOHLENHYDRATMAHLZEIT

Avocado-Quark-Speise 190
Banane im Schlafrock 189
Bananeneis 191
Feigen-Joghurt-Eis 190
Kakao-Mandel-Creme 187
Kokoseis 192
Mandelgrieß 185
Mascarpone-Heidelbeeren 188
Mohncreme 186
Ricotta-Banane 184
Sahnereis mit Rosinen 188
Schokocreme 185
Sprossenquark 189
Vanillepudding 186
Zimteis 191

FRISCHKOST ZUR
EIWEISSMAHLZEIT

Brokkoli-Möhren-Salat 196
Chicoréesalat mit Orangen
194
Eisbergsalat mit Gorgonzola-
sauce 194
Grüner Salat 195
Keimling-Rettichsalat 197
Kohlrabi-Feldsalat 193
Sauerkrautsalat 198
Tomatensalat 197
Zucchini-Tomaten-Salat 195

EIWEISSMAHLZEITEN, WARM

Gemüsegerichte

Auberginen-Auflauf 204
Bunte Gemüseplatte 199
Gebackene Maiskolben 203
Gefüllte Champignons 205
Gefüllte Kohlrabi 207
Gefüllte Zwiebeln 203
Grüner Spargel 201
Möhren-Zucchini-Gratin 208
Panierte Champignons 206
Tomaten-Käse-Gericht 200
Überbackener Blumenkohl 200
Überbackener Rosenkohl 202

Tofugerichte

Mangold-Tofu-Rouladen 211
Tofu-Gemüse-Bratlinge 212
Tofu mit Blattspinat 209

Tofu-Paprika 213
Tofuklößchen mit Kohlrabi und
    Möhren 210

NACHSPEISEN ZUR
EIWEISSMAHLZEIT

Beerensalat mit Ricotta-
    Creme 218
Brombeerschaum 217
Cassis-Joghurt-Eis 220
Elsässischer Quarkschaum 217
Joghurtgelee mit Orangen 216
Mango-Quark 216
Nuß-Äpfel mit Vanille-Joghurt-
    Sauce 214
Pfirsich-Mascarpone-Creme 219
Tofu-Bratäpfel 219
Tofu-Pflaumen-Eis 220
Trierer Joghurtcreme 215

Alphabetisches Register

A

Amaranth-Gemüse-Pfanne 164
Apfeljoghurt 79
Aprikosen-Hafer-Müsli 122
Auberginen-Auflauf 204
Austernpilz-Nudelsalat 138
Avocado-Möhren-Salat 147
Avocado-Quark-Speise 190

B

Baguette, französische Art 120
Banane im Schlafrock 189
Bananendickmilch 96
Bananeneis 191
Bananen-Knäckebrote 100
Bananen-Kokos-Quarkspeise 87
Bananen-Walnuß-Brötchen 110
Bandnudeln mit Edelpilz-
    Käsesauce 183
Bauernsalat 133
Beerensalat mit Ricotta-Creme
    218
Birnen-Joghurt-Müsli 126
Birnenmüsli 72
Blumenkohl, überbacken 200
Bratkartoffeln 159
Brokkoli mit Käsekruste 93
Brokkoli-Möhren-Salat 196
Brokkoli-Nudel-Salat 137
Brokkolisalat 153
Brombeermüsli mit Quark 83
Brombeerschaum 217
Buchweizen-Paprika 165

Bunte Gemüseplatte 199
Bunter Paprikasalat 148
Bunter Salat 141
Bunter Sommersalat 144
Butterbrote mit gefüllten
    Tomaten 94
Buttermilch-Mirabellen-
    Müsli 117

C

Cassis-Joghurt-Eis 220
Champignon-Bandnudeln 180
Champignon-Nudeln 76
Champignons, paniert 206
Chicoréesalat mit Orangen 194
Chinakohlsalat 154

D

Dickmilch-Ananas-Müsli 120
Dickmilch-Johannisbeer-Müsli
    116
Dinkel-Bananen-Müsli 123
Dinkel-Feigen-Müsli 122
Dinkel-Gemüse-Eintopf 166
Dinkel-Heidelbeer-Müsli 123
Dinkelkeim-Müsli 128

E

Edelpilzkäse-Gurken-Brote 80
Eisbergsalat mit Champignons
    148

Eisbergsalat mit Gorgonzolasauce 194

Elsässischer Quarkschaum 217

Erbsen-Reis-Salat 139

F

Feigen-Joghurt-Eis 190

Feigenmüsli 78

Feldsalat mit Knoblauch-Croûtons 145

Fenchel-Radicchio-Salat 150

Folienkartoffeln mit Quark-Schmand-Füllung 156

Französisches Baguette 120

Frischkäsebrötchen 83

Frischkäsebrötchen mit Gurke 89

Frischkäsebrote 102

Frischkäse-Tomaten-Brote 106

Frischkäse-Erdbeer-Müsli 115

Frischkäse-Walnuß-Brote 85

Frischkäsenudeln 107

G

Gebackene Maiskolben 203

Gebackene Selleriescheiben mit Tomatensauce 99

Gebackener Schafskäse mit Paprikagemüse 101

Gefüllte Champignons 205

Gefüllte Kohlrabi 207

Gefüllte Paprika (kalt) 131

Gefüllte Paprika (Einstiegsdiät) 90

Gefüllte Zucchini 73

Gefüllte Zwiebeln 203

Gemüsenudeln 182

Gemüseplatte, bunt 199

Gemüsesuppe 96

Gerste-Bananen-Müsli 125

Gerstenmüsli 125

Grüner Salat 195

Grüner Spargel 201

Grünkern-Gemüse-Auflauf 168

Gurkenmüsli 127

H

Hafer-Ananas-Müsli 121

Hafer-Dickmilch-Müsli 95

Hafer-Erbsen-Curry 169

Hafer-Heidelbeer-Müsli 121

Handkäsebrötchen 105

Herbstlicher Rotkohlsalat 146

Hirse-Lauch-Auflauf 170

Hüttenkäse-Kiwi-Müsli 118

J

Joghurt-Grapefruit-Müsli 120

Joghurt-Stachelbeer-Müsli 118

Joghurtgelee mit Orangen 216

Johannisbeermüsli 98

K

Kakao-Mandel-Creme 187

Kartoffelsalat 134

Kartoffel-Sauerkraut-Auflauf 158

Käsebrote mit Zwiebel 91

Kefir-Aprikosen-Müsli 116

Kefir-Kirschen-Müsli 119

Keimling-Rettichsalat 197

Kohlrabi-Feldsalat 193

Kohlrabi-Möhren-Salat 146

Kohlrabigemüse mit Mandeltofu 109

Kokos-Joghurt 104
Kokos-Tofuscheibe mit Gemüse
    79
Kokoseis 192
Kräuter-Sahne-Nudeln 181
Kräuterpfannkuchen 87
Kresse-Käse-Brötchen 100

L

Lauchsalat 152
Löwenzahnsalat mit Croûtons 149

M

Mandelgrieß 185
Mango-Quark 216
Mangold-Tofu-Rouladen 211
Mascarpone-Heidelbeeren 188
Melonenmüsli 86
Möhren-Zucchini-Gratin 208
Möhrenmüsli 128
Mohncreme 186

N

Nektarinenmüsli 108
Nudeln mit Gemüsesauce 179
Nudeln ohne Ei aus eigener
    Herstellung 176
Nudel-Paprika-Salat 136
Nuß-Äpfel mit Vanille-Joghurt-
    Sauce 214
Nußspätzle mit Mangold 178

P

Panierte Champignons 206
Paprika, gefüllt (kalt) 131

Paprika, gefüllt (warm, Einstiegs-
    diät) 90
Paprika-Obatzter 129
Paprikasalat, bunt 148
Pellkartoffeln mit Kräuterquark
    82
Pesto-Bandnudeln 180
Pfälzer Rahmkartoffeln 156
Pfirsich-Mascarpone-Creme 219
Pflaumenmüsli 75
Pilz-Bandnudeln 177
Portulak-Quark-Brot 129

Q

Quark-Apfelsinen-Müsli 119
Quark-Netzmelonen-Müsli 117
Quarkmüsli mit Kiwi 103
Quarkschaum, elsässisch 217
Quinoa-Blumenkohl 171

R

Radieschenbrote 74
Ratatouille 84
Reisauflauf mit Gemüse 172
Ricotta-Banane 184
Roggen-Rotkohl-Rouladen 174
Rosenkohl, überbacken 202
Rotkohlsalat, Herbstlicher 146

S

Sahnereis mit Rosinen 188
Sauerkrautsalat 198
Schafskäsebrötchen, gebacken
    97
Schafskäse, gebacken, mit
    Paprikagemüse 101

Schneebällchen mit Rahmpfifferlingen 157
Schnittlauchbrote 88
Schokocreme 185
Selleriescheiben, gebacken, mit Tomatensauce 99
Semmelknödel mit Mischpilzen 160
Sommersalat 152
Spargel, grün 201
Spargelsalat 132
Spätzle-Käse-Gemüse-Pfanne 104
Spinatsalat mit Radieschen 151
Sprossenquark 189
Stachelbeermüsli mit Hüttenkäse 92
Staudenselleriesalat 151

T

Tofu-Bratäpfel 219
Tofu-Gemüse-Bratlinge 212
Tofuklößchen mit Kohlrabi und Möhren 210
Tofu mit Blattspinat 209
Tofu-Paprika 213
Tofu-Pflaumen-Eis 220
Tomaten-Käse-Gericht 200
Tomaten-Mozzarella-Brote 77
Tomatensalat (zur KH-Mahlzeit) 153
Tomatensalat (zur Eiweißmahlzeit) 197
Tomatensauce, kalt 99
Topinambur-Lauch-Auflauf 159
Topinambur-Salat 135

Traubenmüsli mit Hüttenkäse 81
Trierer Joghurtcreme 215

U

Überbackener Blumenkohl 200
Überbackener Rosenkohl 202

V

Vanillejoghurt 82
Vanillepudding 186

W

Weißkohlsalat 150
Weizen-Pflaumen-Müsli 124
Weizen-Pilz-Pfanne 175
Weizenflocken-Heidelbeer-Müsli 124
Weizensalat 140
Wildreis-Risotto 173
Wildreis-Salat 140
Wirsing-Gersten-Rouladen 167

Z

Ziegenkäsebrote 108
Zimteis 191
Zimtjoghurt 76
Zucchini, gefüllt 73
Zucchini-Kartoffel-Gratin 155
Zucchini-Käse-Creme 131
Zucchinimüsli 127
Zucchinisalat 145
Zucchini-Tomaten-Salat 195
Zuckerschotensalat 132
Zweikornmüsli 126

Liebe Leserin, lieber Leser!

Bei jedem Buch können Fragen auftauchen, insbesondere, wenn es sich um einen Ratgeber oder ein Kochbuch zu einem komplexen Gesundheitsthema handelt. Aus diesem Grund bieten wir Ihnen zu dem vorliegenden Buch einen kostenlosen Leserdienst an. Die Autorin, Frau Paschen, wird Ihre Fragen gern beantworten und kann Ihnen auch weitere Informationen zum Thema Trennkost zukommen lassen.

Bitte kreuzen Sie das Gewünschte einfach an:

- ❏ Trennkost-Nahrungsmittel-Liste
- ❏ Informationsvorträge
- ❏ ganzheitlicher Gesundheits-Treff
- ❏ Einzelberatung
- ❏ Seminare
- ❏ Ferienseminare

Trennen Sie dann diese Seite aus dem Buch und schicken Sie sie an folgende Anschrift:

Ursula Paschen
Postfach 1337
69198 Schriesheim

Vergessen Sie bitte nicht, in jedem Fall einen adressierten und ausreichend frankierten Rückumschlag im Format DIN A5 beizulegen!

Gesund und schlank mit Heyne-Diätkochbüchern

Wilhelm Heyne Verlag
München